U0691508

乡村振兴战略与旅游经济发展研究

苏 贞 高 娅 唐 鑫◎著

北京燕山出版社
BEIJING YANSHAN PRESS

图书在版编目（CIP）数据

乡村振兴战略与旅游经济发展研究 / 苏贞，高娅，唐鑫著.—北京 ：北京燕山出版社，2023.12
ISBN 978-7-5402-7115-2

Ⅰ．①乡… Ⅱ．①苏… ②高… ③唐… Ⅲ．①农村－社会主义建设－研究－中国②旅游业发展－研究－中国 Ⅳ．①F320.3②F592.3

中国国家版本馆 CIP 数据核字(2023)第 212338 号

乡村振兴战略与旅游经济发展研究

作　者	苏　贞　高　娅　唐　鑫	
责任编辑	王　迪	
出版发行	北京燕山出版社有限公司	
社　址	北京市西城区椿树街道琉璃厂西街20号	
电　话	010-65240430	
邮　编	100052	
印　刷	北京四海锦诚印刷技术有限公司	
开　本	787mm×1092mm　1/16	
字　数	220千字	
印　张	11	
版　次	2024年4月第1版	
印　次	2024年4月第1次印刷	
定　价	80.00元	

作者介绍

苏贞，女，山东曲阜人，1980年1月生，毕业于山东农业大学，大学学历，高级经济师，主要从事经济管理专业研究。

高娅，女，硕士研究生，大学讲师，就职于长春工业大学人文信息学院，研究方向是金融市场、证券投资。

唐鑫，女，广西桂林人，1981年10月生，博士学历，高级经济师职称，主要研究方向是旅游经济，乡村振兴。

前　言

　　乡村振兴战略是党基于新时代社会主要矛盾变化的准确判断，解决发展不平衡不充分问题而做出的重大战略决策。文化是民族之魂，是国家的软实力，对农村来说，只有打造出健康向上的农村文化，才能提升乡村振兴的软实力。乡村振兴要满足农民对美好精神文化生活的向往，就必须正确认识农村文化建设在乡村振兴中的重要地位。

　　旅游已成为人们生活的常态，旅游业的发展日新月异。随着全域旅游时代的到来，人们更愿意返璞归真，回归大自然。乡村旅游就是在市场经济条件下自发形成并发展起来的一种旅游形式，它是都市人群在快节奏、高压力以及高污染环境下衍生出的一种对自然和恬淡生活的向往，对乡村情怀的一种精神需求。户户有炊烟、家家有杨柳、人人笑开颜的美丽乡村画卷，已不再停留在梦里，而是实实在在的需要。

　　乡村振兴是时代赋予我们的神圣使命，要坚持农业农村优先发展，按照产业兴旺、生态宜居、乡风文明、治理有效、生活富裕的总要求，建立健全城乡融合发展体制机制和政策体系，加快推进农业农村现代化。乡村旅游作为旅游业与农业的交叉领域，是现代旅游业发展到一定阶段的产物，是人民生活水平不断提高、旅游需求不断提升的结果。

　　本书是一本关于乡村振兴战略与旅游经济发展方面的书籍。主要研究乡村振兴战略和旅游经济发展的内容。全书首先对乡村振兴战略理论进行简要概述，对乡村旅游的发展模式和规划进行梳理和分析，而且还阐述了乡村旅游发展保障、乡村旅游资源开发与保护的内容，最后对乡村旅游产品营销、产业发展及投资管理和乡村旅游发展的创新路径进行了探讨。本书论述严谨，结构合理，条理清晰，重点突出，通俗易懂，内容丰富新颖，具有前瞻性、科学性、系统性和指导性。

作者

2023 年 8 月

目　录

第一章　乡村振兴战略理论

第一节　乡村振兴战略的理论基础

一、乡村振兴战略背景与意义

（一）马克思、恩格斯乡村发展理论

1. 生产力的发展和私有制的存在是乡村衰落的根源

马克思指出，工商业和农业的分工引起了城乡的分离与对立，生产力的发展促使这种分工更加深化，人们也因分工分为城市人口和农村人口。在资本主义私有制这样的制度安排下，作为统治阶级的资产阶级，重视发展城市，把城市打造成经济政治文化中心，加快城市现代化建设速度，促使各区域的人才、资源、金钱等要素单向流向城市，乡村逐渐被遗弃，农民处于被统治和被剥削的地位。我国现阶段要大力发展生产力，为乡村发展打牢物质基础。坚持公有制的主体地位不动摇，发展成果由人民共享。

2. 重视农业发展，强调生产粮食的重要作用

马克思认为，占有和生产粮食是一切社会劳动的首要目的，因为食物的生产是人类生存和发展的先决条件。历史唯物主义基本观点认为一定历史时期的经济发展水平决定着这个时期国家的政治、精神、文化等上层建筑的性质、产生和发展。由此可见，以确保粮食安全为主要内容的农业是人类社会生存发展的基础，也是人类社会从事其他物质生产和精神生产的前提条件。

3. 走农业合作化道路，克服小农经济的局限性

马克思认为，小农经济不利于生产资料形成规模效应，难以进行资本积累，使得扩大再生产的可能性非常小，这制约着农村社会生产力的发展。而且在机器大工业生产的历史潮流中，落后的小农经济最终会被社会化大生产所取代。

4. 缩小工农业之间的区别，解决城乡对立问题

马克思、恩格斯认为，城乡关系大致经历城乡一体化到城乡分离、对立再到城乡融合

的发展过程。马克思认为，要走乡村城市化道路，把工农业结合起来，促进产业融合发展，缩小城乡差别。恩格斯认为，大工业在全国的尽可能平衡的分布可消灭城乡间的分离。振兴乡村，实现乡村"强富美"，要发展以农业为主的乡村产业，提升农业生产力。促进城乡要素既可以下乡，又可以进城，提升农村发展水平，使得乡村彻底改变现状，这也是个人实现全面发展的要求。城市作为核心发展区域，人才、技术、资金、信息化、基础设施等各类生产要素和经济信息优势明显，要打破旧的分工格局，建立新型的城乡工农发展格局。

5. 树立生态文明理念，注重环境保护

马克思认为，在一定历史发展时期，提高土地肥力的任何进步，也是不同程度地破坏着土地的可持续发展的能力。每一次改造自然取得的进步，自然界后期都会以自然灾害或地质灾害等方式惩罚我们人类。因此，要树立生态文明理念，注重环境保护，减少发展农业带来的污染，走生态农业之路。

6. 农民解放和工农联盟思想

看到农民受到统治阶级的剥削，马克思提出要消灭资本主义私有制，解放农民。针对1848年欧洲革命中出现的问题，为打击统治阶级，提出了工农联盟的思想，认识到在革命阶段农民和工人是同盟军，在革命中要想取得革命的最终胜利就必须争取到农民的帮助。后期，随着机器化大生产的发展，马克思、恩格斯认为农民会变为无产者，最终成为无产阶级的一员，这也恰是社会主义农业生产方式。在新时期，我国小农还是会长期存在，要赋予工农联盟新的时代内涵，建立工农合作组织就是其中之一，加强工农之间联合。

（二）乡村振兴战略产生的时代背景

乡村振兴战略的产生是基于近年来我国社会各方面取得了显著的成就，乡村发展迎来黄金期，但也有一些深层次的问题亟待解决这样的现状。基于此，乡村振兴战略应运而生。

1. 新时代乡村发展呈现新特征、新现象

农村市场化特别是要素市场化可激发农村发展的内生动力。如今，经过多年经济高速发展，我国经济总量稳居世界第二，有了践行和实现"三变"的物质基础，这是国家对"三农"发展的新要求、新期待。通过合作社的路径把农民以股东身份团结起来，增强农民市场竞争力，让农民在市场经济中有主动权。用市场化机制将资源要素整合起来，力促资源变资产，实现收益共享。土地收益归真正经营土地的人。结婚、高考、外出务工等会引起农村人口变动，固定农户土地承包权在现实生活中会出现不公平的情况，打击农民的

务农积极性。这就要求切切实实地保障直接经营土地的农民的经济利益和其他福利待遇。发展投资融资的体制机制，将财政和金融的作用发挥出来，吸引社会资金多元投入，力促资金变股金。

2. 新时代乡村发展出现新问题、新矛盾

乡村的核心内容是"三农"，基于我国乡村发展现状，"三农"问题指进入工业化后期，城市现代化发展迅速，城市居民越来越富裕的 21 世纪，却存在农村衰败、农业发展潜力小、农民增收难等问题。乡村振兴战略的产生是一个逐渐积累、逐渐丰富的过程，是在对我国"三农"问题的认识不断深化与完善的基础上产生的。

（三）我国乡村振兴战略的意义

第一，乡村振兴战略对于全面建设社会主义现代化国家、实现第二个百年奋斗目标具有全局性和历史性意义。

第二，乡村振兴战略对于解决新时代我国社会主要矛盾，实现党的执政宗旨和社会主义的本质要求具有重大理论和现实意义。

第三，中国特色乡村振兴之路是符合中国国情的顶层设计，是改革开放 40 余年来探索乡村建设规律的必然结果，具有创新性的实践意义。

1. 顶层设计已具雏形

（1）政策体系基本完善

根据中共中央、国务院关于实施乡村振兴战略的意见，各省市根据地区实际情况制订并实施了《关于乡村振兴战略的实施意见实施方案》；与此同时，各级政府继续加大了对农村的帮扶力度，大力扶持农业综合性企业，建立生产经营和管理体系，培育新型涉农产业，着重推进集约化机械化经营。

（2）责任体系基本建立

到目前为止，各地县区一级政府已经完成了对下属各村镇人民政府的权力和职责调整，明确落实各村镇办事处机构的权力和职责，明晰其在乡村振兴战略实施中的主要职责。同时完善各级别责任体系，以专项活动办公室及领导小组为中心，落实促进涉农业产业发展过程中各部门的责任。在农业生产方面，继续落实了粮食安全生产责任制，自上而下层层签订责任状，把年度粮食生产计划分解落实到各个村镇，确保粮食生产安全顺利地进行。

2. 关键领域取得成效

各地认真落实乡村振兴战略实施方案，围绕乡村战略的主体目标，重点在产业兴旺、生态宜居、生活富裕等方面下功夫，目前已经取得了一定成效。

（1）服务惠民取得成效

各地根据实际情况，建设有村级综合服务中心，向村民提供就业、社会保障、教育、卫生、文化体育、法律援助和农村基本公共卫生七个方面的服务。通过综合服务中心，农村民众可以从家门口享受到社会公共服务。

（2）建设美丽乡村取得了一定成果

①逐步发展清洁村庄

各地在农村地区建立了镇级垃圾处理中心到村级垃圾处理站的垃圾处理体系，能够回收处理乡村产业的垃圾，大大减少了农村废物污染，有效保护了自然环境。同时，绿色村庄试点的建设非常有效，试点建设的资金投入到位，示范点将带动更多的村庄保护农村环境。

②增加了生态村建设投资

自实施乡村振兴战略以来，各级政府一直坚持在农村地区建设生态村，在农村绿化建设上投入大量资金，通过植树造林，水污染防治和其他环境保护项目，使得农村生态环境大大改善。在农村生态建设方面的大量资金投入，在一定程度上促进了美丽乡村建设。

（3）在促进产业兴旺上取得初步成果

一是通过促进农村产业的转型和升级工作，打造了一批特色产业。根据"产业富民"工作方案，积极发展药材、花卉、果蔬、特色农业、水库农业等产业，在各地形成独特的种植业。乡村旅游业产业使乡村休闲胜地和休闲农场成为现实，带动了农业产业的发展和农民的就业。

二是积极鼓励教育、旅游、文化、养护和农业相关产业的深度融合，探索和发展新产业和新形式。最后，指导乡村建设优势特色产业，优化种植结构，建立优质家电产品品牌；加快"三品一标"认证，在乡村中大力推广电子商务，建设具有规模、特色和优势的农业产业，重点建设和发展农业示范村、农业示范基地，再通过它们带动相关产业的发展。目前在乡村初步建立了"一村一业""一村一品"的产业发展布局，特色农业产业得到了快速发展，并取得了良好的经济效益。

3. 乡风文明及乡村治理得到改善

（1）农村文明建设有效

在文明试点村庄和城镇建设方面取得了很大成就。一些地区开始建设文明村庄示范点，通过示范点引导农村文明建设。

（2）农村社会治理取得实效

首先，根据乡村治理工作计划，有效地提高了乡村治理效果。目前乡村重大事故及违法犯罪活动大为减少；同时针对乡村村民之间的纠纷，建立了调解机制，通过驻村书记和村干部积极调解村民之间的摩擦，民众安全感和满意度大大增加。其次，村民积极响应政府号召，通过演练活动增强自我保护的能力和意识，在一定程度上减少了受诈骗的风险，对一些组织也有了一定的辨别力。最后，在乡村法律的普及和美德宣传力度加大。在执法方面，公正执法有序开展。在德治方面，积极推动农村道德模范和文明家庭评选活动，提高了农民的道德和法律意识。

二、乡村振兴战略的科学内涵

（一）乡村振兴战略的基本含义

具体来讲，乡村振兴战略的提出是基于马克思、恩格斯的乡村发展理论和我国历届领导集体的乡村发展思想，基于我们党对乡村发展现状形势、城乡关系演变趋势和现代化建设的重大判断。乡村振兴战略是我们党对"三农"发展理论和实践的重大创新，是习近平新时代中国特色社会主义思想的重要组成部分。

乡村振兴战略体现了我国社会发展进入新时代，党中央领导集体对"三农"工作更高的要求，表明了我国领导集体对新时代乡村要有大发展的决心和勇气。进入新时代，人民需要和国家建设需要都发生了相应变化。农业应是生态供给、绿色供给的主要承担者，农村作为五六亿人生产生活的居所，理应便利整洁，农业应是体面的职业，城乡居民收入更不应是两倍以上的差距。乡村振兴是新时代我国具有持久战性质的战略安排，2020年全面建成小康社会，我国乡村振兴战略相关政策体系也基本建立起来。我国规划了国家现代化建设的时间点，乡村振兴战略的阶段性目标与现代化建设预定的时间紧密衔接起来，国家现代化建设的分阶段的预期目标对农业农村发展提出了新要求。

（二）乡村振兴战略的基本特点

1. 乡村振兴战略具有鲜明的时代性

乡村振兴战略是在新时代提出来的，是为了解决新时代的主要矛盾而实施的国家战略，是为了全面解决"三农"问题，加速实现中华民族伟大复兴和"两个一百年"伟大目标而提出的符合时代要求的重大战略部署。从乡村振兴战略的指导思想、基本原则、主要内容、振兴路径和实现目标中，我们可以看出，乡村振兴战略紧扣时代脉搏、紧抓时代主题、紧跟时代步伐、紧追时代方向，就如何打赢脱贫攻坚战、如何实现城乡融合、如何继承优秀乡村文化、如何协同农村经济发展和生态环境保护等现实焦点问题进行了现实回应，极具针对性和有效性，体现了其鲜明的时代性。

2. 乡村振兴战略具有高度的实践性

乡村振兴战略的提出，不是凭空产生的，是习近平总书记在不断的实践摸索中，在对"三农"建设经验的总结和升华中提出来的。在实践过程中，乡村振兴战略不断丰富完善发展成熟，实践为乡村振兴战略的提出奠定了基础，这正是对理论来源于实践最好的证明，体现了乡村振兴战略高度的实践性。

3. 乡村振兴战略具有广泛的人民性

从中国共产党执政为民的理念出发，之所以实施乡村振兴战略，就是要解决城乡居民收入差距越来越大、农民增收致富越来越困难这个现实问题。城乡居民收入差距越来越大是不争的事实，即便是在农村，农民与农民的发展差距也很大，乡村振兴战略的实施就是为了让农民持续增加收入，彻底摆脱贫困。从乡村振兴战略的实施过程看，振兴的主体是农民，振兴过程中要依靠的主要力量也是农民，农民在乡村振兴战略的实施过程中，不可缺少，不可替代，不容忽视。从乡村振兴战略要实现的最终目标看，最大的受惠群体也是农民，最终实现的是农民致富。

从实现农民富裕的历史意义上来讲，只有实现农民富裕，才能真正实现中华民族的伟大复兴。从农民中来，到农民中去，在我国农民占总人口一半以上的现实情况下，实施乡村振兴战略代表了最广大人民的心声，维护了最广大人民的利益，是其广泛人民性的鲜明体现。

4. 乡村振兴战略具有强烈的科学性

从指导理论的科学性上来讲，乡村振兴战略是在马克思主义基本原理的指导下提出来的，马克思主义是被历史和实践证明了的科学的理论。从自身理论的科学性上来讲，乡村振兴战略是中国化的马克思主义理论，继承了中华优秀传统文化中重农思想的基因，继承了中国共产党自建党以来在"三农"工作和实践探索中的经验，这些继承的思想基因是被实践证明了的科学的"三农"指导思想。从实践的科学性上来讲，在建设中国特色社会主义伟大实践中，历届领导集体对我国"三农"工作的实践探索，都是基于对我国国情的准确把握，为乡村振兴战略的提出提供了科学的实践经验总结。当前，乡村振兴的伟大实践，是中国共产党加速推进伟大工程的科学决策，实施乡村振兴战略，既能解决重大现实问题，又能加速实现伟大事业。从理论到理论，从理论到实践，从实践到实践，体现了乡村振兴战略强烈的科学性。

5. 乡村振兴战略具有全面的系统性

从乡村振兴的内容看，乡村振兴是乡村全面的、全方位的振兴，是农业农村农民整体的振兴，既要求同步统筹乡村"五位一体"发展，又要协调与农业、农村和农民发展相关的各个环节，不允许孤立任何一个部分，不允许忽视任何一个环节；要全面系统地处理好乡村的产业、文化、组织、生态、基础设施、公共服务等的振兴关系，以实现乡村的全面振兴；从乡村振兴战略实施的过程看，实现乡村振兴，不是一蹴而就的，而是一个系统的、长期的过程，从国家的乡村振兴规划就可以看出，乡村振兴有短期目标，还有中长期目标，并且强调要注重振兴过程的系统性，扎实走好乡村振兴的每一步。从振兴内容的全面性到振兴过程的系统性，体现了乡村振兴战略具有全面的系统性。

（三）乡村振兴战略的主要目标

乡村振兴战略是新时代破解农业农村现代化发展不足的国家战略，是实现乡村全面发展的系统工程。我国实现现代化，必然要求农业朝现代化商业化发展，农村繁荣昌盛，农民乐业乐居。

1. 要坚持农业农村优先发展这一总方针

我国农业农村发展的历史定位随着经济的发展，阶段性地发生变化，彰显了我党坚持实事求是的工作作风。世界发达经济体现代化进程经历了工业化、城镇化、农业现代化和信息化的发展过程。发展到现在的水平，历时200多年。我国现代化快速发展也是在改革开放之后，我国可以吸收和借鉴发达国家的一些发展经验。根据我国具体实际，起先规定工业化、城镇化发展过程中，同步促进农业现代化；之后，在此基础增加信息化，要求"四化"同步发展；到现在的优先发展农业农村。要把"四个优先"落在实处，在人力、财力、物力和公共服务上优先考虑乡村，加快补齐乡村发展短板，以乡村全面发展来解决城乡发展差距问题。

2. 要建设现代农业体系，推进农业现代化

农业现代化是进行时，始终处于运动过程，不同发展阶段有不同的要求和任务。目前，要根据各地的资源条件、经济发展水平来改变农业结构，促进农业转型升级，产业协调发展，建立顺应市场要求的现代化农业产业体系；运用现代先进的科学技术和制造精良的农业机械产品发展农业，将种子培育技术、互联网技术、滴灌喷灌技术、防晒网防虫网技术等渗入农业，打造现代农业生产方式。小农生产长期存在是我国农业生产的基本现实，要培养整体素质较高，会使用现代化的农业科学技术和先进的农用机械装备，具备较强市场竞争力的新型职业农民，健全针对小农户的各类服务体系，探索以服务规模带动经营规模；在一些地域广袤且平整的区域，如东北平原、华北平原、新疆部分区域可以发展规模经营，要培育符合新时代农业发展要求的经营主体，发展大农业。

因地制宜选择农业发展模式，建设现代化多样性的农业经营体系。

3. 要推进农村现代化，缩小城乡差距

农村现代化的具体标准和乡村振兴战略的总要求内容上是一致的。产业兴旺和生态宜居是乡村发展过程中看得见、摸得着的变化，乡风文明和治理有效是乡村发展过程中乡村氛围的改善，生活富裕是现代化农村要达到的目标。乡村主要的产业是农业，传统农业对自然资源、地理位置等依赖性较强。人作为生产力中最活跃的要素，可借助先进的技术和交通条件的便利，弥补一些不可抗力因素对本地经济发展的牵制。由于农民自身的局限性，乡村发展就需要有带头人，基层干部队伍是农村突破先天劣势，带领乡村发展的主要人才支撑。应培育一支新型的"三农"工作队伍，带领农民发展农业，管理农村，使农村成为宜居宜业宜游的美好家园。

（四）乡村振兴战略的关键环节

中华人民共和国成立以来，基于经济政治等各方面原因，我国城乡呈现分离和对立的状态。进入 21 世纪，我们党开始统筹城乡经济社会发展，之后致力于形成城乡发展一体化格局，破解"三农"问题，再到目前的建立健全城乡融合发展体制机制和政策体系。乡村振兴战略主要是针对我国目前部分乡村发展落后、城乡发展差距过大的现状做出的战略决策。

突破点在于打造城乡资源要素双向流动的格局，形成工农业优势互补、相互促进的发展态势，形成城市为乡村提供工业品，乡村为城市提供生态产品，城乡各取所长，相互补充，共同繁荣的新型工农城乡关系。习近平总书记强调，解决城乡分离与对立的现状，关键是促进城乡要素公平交换，力促城乡基础设施和公共服务趋向均等化。

一方面，要稳步推进城镇化，继续把农村多余劳动力有秩序地迁移到城镇就业和安家。发展特色小镇是融合城乡发展的一条重要路径。由于我国国土面积辽阔，且地方资源分布差异明显，经济基础也不一样，如果按照马克思、恩格斯提出的"乡村工业化""乡村城市化"路径振兴乡村的话，成本太高。就我国的国土及地形资源现状来看，农村工业适当聚集在城镇可节省产业发展所需要的基础设施方面的投资，并带动第三产业发展，使城镇成为乡村的经济文化中心。特色小镇依据本土资源优势，类型多样，因资源、地理位置、政策、人才等方面占据优势，经济发达，形成村域城镇化；由于工业化和城市化的发展，乡村人口转为城市人口，致使乡村人口外流，房屋空闲率提升，村庄逐渐减少。另一方面，要把农业农村的发展放在优先位置，改善乡村经济社会发展水平。城市化和城镇化是拉动乡村发展的重要力量，也是社会现代化的一个重要指标，没有乡村自身发展能力的提升，城市化和城镇化就缺乏支撑。振兴乡村，要保障农民的基本发展权利，促进城市和乡村的配套设施和公共服务趋于相近。在日常工作中扩大公共财政投入农村的力度，缩小城市和农村的距离。

第二节　乡村振兴战略的实施举措

一、经济建设

（一）深入推进农业供给侧结构性改革

1. 农业供给侧结构性改革的核心内容

农业供给侧结构性改革就是要从供给入手转变农业的发展方式，改善供给结构。其核心是指通过自身的努力调整，让农民生产出的产品，在质量和数量上，符合消费者的需求，实现产地与消费地的无缝对接；也就是用改革的办法推进结构调整，减少无效和低端供给，扩大有效和中高端供给，增强供给结构对需求变化的适应性和灵活性，提高全要素生产率，使供给体系更好适应需求结构变化。

近年来，我国粮食连年丰收，为保障国家粮食安全、促进经济社会发展奠定了坚实基础。当前我国粮食供给的矛盾已由总量不足转为结构性矛盾，库存高企、销售不畅、优质粮食供给不足、深加工转化滞后等问题凸显，加快推进农业供给侧结构性改革，是大力发展粮食产业经济，促进农业提质增效、农民就业增收和经济社会发展的重要保障。

2. 推进结构调整，提高农业供给体系质量和效率

农业供给侧结构性改革需要进一步优化农产品品种结构和区域布局，建设好粮食功能区和主要农产品保护区，巩固国家的粮食安全底线。一方面是要强化扶持引导，建设新型农业经营体系。发挥新型经营主体的凝聚带动作用，突破农民分散经营、效率低下、盲目生产、风险大收益小的难题。以新型经营主体为带动，促进土地规模化经营和农业产业结构调整，大力发展设施农业，不断促进农业增效、农民增收。另一方面是要发挥各地由市场力量和资源禀赋决定的竞争优势，大力发展特色优势农产品生产，使农产品特而专、新而奇、精而美。随着生活水平的提高，人们对食品安全和健康有了新的追求。绿色无污染，由农户自己养殖、种植的畜禽、蔬菜日益受到人们追捧。当前农产品"有没有""够不够"已不是问题，"好不好""优不优"才更受关注。面对大宗农产品总量过剩，优质农产品供给不足，其实质是农业结构调整跟不上消费升级步伐导致的矛盾，其背后也蕴藏着农业供给侧结构性改革的巨大空间和质量兴农的巨大潜力。

3. 因地制宜，做大做强地方优势特色产业

农业供给侧结构性改革必须因地制宜，做大做强地方优势特色产业，使具有地方特色的

优质农产品，例如，杂粮杂豆、蔬菜瓜果、茶叶、花卉、食用菌、中药材和特色养殖等提升档次、升级产品、扩大利润空间，努力把地方特色小品种和土特产做成带动农民增收的大产业。加强优势特色农产品生产、加工、储藏等技术研发，构建具有地方特色的技术体系。加快信息技术、绿色制造等高新技术向农业生产、经营、加工、流通、服务领域渗透和应用。加强特色产品、特色产业开发和营销体系建设。加快推进特色农产品优势区建设，制订特色农产品优势区建设规划，鼓励各地争创园艺产品、畜产品、水产品等特色农产品优势区，推动资金项目向优势区、特色产区倾斜。推动完善"菜篮子"市长负责制考核机制，开展鲜活农产品调控目录试点。加快发展都市现代农业，深挖农业潜力，创造新需求。塑造农产品品牌，以优势企业、产业联盟和行业协会为依托，在粮油、果茶、瓜菜、畜产品、水产品等大宗作物及特色产业上打造市场信誉度高、影响力大的区域公用品牌、企业品牌和产品品牌。通过培训、学习、经验交流，提升乡村居民的品牌意识，以及农业品牌建设与管理的能力和水平，充分利用各种农产品营销推介平台，推进乡村品牌建设。

（二）建设新型农业经营体系

现代农业产业体系、生产体系、经营体系，是发展现代农业、特色农业、创汇农业的"三大支柱"。产业体系和生产体系的关键是提升农业生产力水平和生产效率，而经营体系的关键则在于创新农业经营模式。结合我国农村目前的实际情况和条件，协调推进"现代农业三大体系"的建设工作，同时进一步完善农业支持保护制度，发展多种形式适度规模经营，培育新型农业经营主体，健全农业社会化服务体系，实现小农户和现代农业发展有机衔接，是当前农村经济改革与发展的重要环节。

1. 加快构建现代农业产业体系

现代农业产业体系是集食物保障、原料供给、资源开发、生态保护、经济发展、文化传承、市场服务于一体的综合系统，是多层次、复合型的产业体系。现代农业产业体系是衡量现代农业整体素质和竞争力的主要标志，解决的是农业资源的市场配置和农产品的有效供给问题。构建现代农业产业体系，就是要以市场需求为导向，充分发挥各区域的资源比较优势，以粮经饲统筹、农牧渔结合、种养加一体为手段，通过对农业结构的优化调整，提高农业资源在空间和时间上的配置效率。深入实施藏粮于地、藏粮于技战略，严守耕地红线，全面落实永久基本农田特殊保护制度，稳定耕地保有量，保护基本农田面积。加强基础建设，调整品种结构，强化政策扶持，确保国家粮食安全。

构建现代农业产业体系，需要以地方优质特色优势产业为支撑。特色主要是指资源和产品的品质，而优势则是指市场份额、消费信誉、品牌影响和出口能力。一方面，必须深入挖掘各地农村农业资源的发展潜力，在现有农村产业的基础上做好优选和结构优化工作，使产业优势能够充分反映资源优势。重视生产力空间布局工作，高效配置资源；关注农村产业培育与生态环境的协调发展问题，做好生态红线和耕地红线的划定和管理。另一方面，必须创新产业发展战略，着力培育有市场需求、有出口能力、产业链条长、产业互补性强、产品品质高的产业体系。各地选择主导产业应坚持差异性、互补性、循环性的原则，尽量避免结构雷同。同时，要加快培育创新体系，加强农村技能培训，还须培育一大批农业企业家引领产业成长。

2. 加快构建现代农业生产体系

现代农业生产体系是先进科学技术与生产过程的有机结合，是衡量现代农业生产力发展水平的主要标志。主要是通过实施良种化、延长产业链、储藏包装、流通和销售等环节的有机结合，提升产业的价值链，发展高层次农产品，壮大农业新产业和新业态，提高农业质量效益和整体竞争力。

构建现代农业生产体系，就是要转变农业要素投入方式，用现代物质装备武装农业，用现代科学技术服务农业，用现代生产方式改造农业，提高农业良种化、机械化、科技化、信息化、标准化水平。大规模推进农村土地整治和高标准农田建设，稳步提升耕地质量。按照"五个集中"原则，以粮食生产功能区和重要农产品保护区为重点，全面加强田、土、水、路、林、电、技的建设和改造。加快构建现代农业生产体系。一是要发展龙头企业、家庭农场、家庭牧场、农民专业合作社等，创新农业经济的微观经济基础，加快粮食生产全程机械化推进，加强全程机械化主体和示范区建设，着力发展高效、节本、智能化农机装备，促进机械化向产前产后延伸，培育农机作业服务市场，建设全程机械化示范区，提高农作物耕种收综合机械化水平。二是要加快培育有文化知识、技能水平高、创新创业能力强的新型职业农民，同时支持农民工、职业院校毕业生等人员加入新型职业农民队伍中去。三是要打造现代化农业引领平台，推进现代农业产业园、科技园建设。加快培育标准化生产基地，以农产品基地、合作社、服务公司等为主要平台，全面实行标准化和组织化。四是要坚持实施适度规模化经营战略，积极发展生产、供销、信用、电商的综合合作关系。大力发展数字农业，加快推进"互联网+"现代农业，实施智慧农业林业水利工程。提升信息进村入户水平，推进玉米、水稻、畜牧、设施蔬菜等产业物联网示范园区建设，加快农业卫星数据云平台建设，提升气象为农服务能力，争取早日实现信息服务站行政村全覆盖。五是创新农业科技研发推广体制机制，围绕提质增效需要，开展重大科技攻关和技术模式创新，加快成果转化和集成应用，加强基层农技推广体系建设，不断提高农业科技贡献率。重点培育地方领军型龙头企业。加大对产品开发和技术改造支持力度，推动农产品加工业转型升级，引导一般食品加工业在镇村、大型食品加工业加工在县域工业集中区集群发展，就近转化农业原料和产品。

3. 加快构建现代农业经营体系

现代农业经营体系是新型农业经营主体、新型职业农民与农业社会化服务体系的有机组合，是衡量现代农业组织化、社会化、市场化程度的重要标志，主要涉及专业大户、家庭农场、家庭牧场、农民合作社、龙头企业等。当前构建现代农业经营体系要集中解决好一系列问题，如农民要向职业化方向发展、坚持适度规模经营、建立社会化服务体系等。

加快构建现代农业经营体系要做好三方面。一是要着力推进土地流转型适度规模经营，统筹兼顾培育新型农业经营主体和扶持小农户，积极培育和规范建设家庭农场、农民专业合作社、农业产业化龙头企业等新型农业经营主体，并有效发挥其示范引领作用和带动农户功能。积极推广"种养结合"模式的农户经营结构，支持具有一定规模的种植户发展养殖业，发挥对农民增收和培肥地力的促进作用。加大对小农户生产的政策扶持，改善小农户生产设施条件，加强科技培训和职业教育，提高小农户抗风险能力，促进小农户和现代农业发展有机衔接。创新"公司+农户"模式，在"公司+基地+农户""超市+基地+农户""科技公司+基地+合作社"等方面做更多的尝试。二是要培育新型市场经营体系，提升农产品的国内和出口层次。特别是"一带一路"沿线的省区市农村，要把外向发展和经营作为新的战略重点，按照国际农产品市场的需要和特点，打造出口型现代农业高新技术产业园区、出口基地、出口加工区、出口贸易区等。三是加快培育农业社会化服务体系。发展服务带动型规模经营，发展农业生产性服务业，培育各类专业化服务组织，推进农业生产全程社会化服务，帮助小农生产节本增效。推动群体发展型规模经营，实施产业兴村强乡行动，促进扶持一村一品、一乡一业发展，引导小农从分散的单打独斗式生产向集中连片的群体化生产转变，帮助小农户对接市场、发展联合协作。培育金融、信息、农机和技术服务等服务主体，推进农业社会化服务体系的专业化发展，大力发展公益性农业服务机构，加强新型生产经营或服务主体之间的合作，提高农业社会化服务的综合效益。鼓励引导工商资本开展种子、加工、销售、生产服务等生产经营，向农业输入现代生产要素和经营模式。健全工商资本租赁农地的监管和风险防范机制。

（三）聚集现代生产要素，促进一、二、三产业融合

大力开发农业多种功能，延长产业链、提升价值链、完善利益链，完善农业产业链与农民利益联结机制，支持和鼓励农民就业创业，培育乡村发展新动能，拓宽农民增收新空间，让农民合理分享全产业链增值收益。

1. 大力发展农产品加工业

延长农业的产业链条，增加产业附加值。积极发展农产品加工业，强化农产品产后商品化处理。深入实施质量品牌提升行动，促进农产品加工业转型升级。建设农产品加工技术集成基地，开展关键技术装备研发和推广。深入实施农村产业融合发展试点示范工程，开展农业产业化示范基地提质行动，建设一批农村产业融合发展示范园和先导区。

深入推进农业绿色化、优质化、品牌化发展。全面落实国家质量兴农战略规划，建立健全质量兴农的政策体系、工作体系和考核体系。健全农业生产标准体系，大力推广标准化生产，鼓励和引导龙头企业、农民专业合作社、科技示范户和家庭农场率先实行标准化生产，支持"三品一标"认证，建设绿色基地。完善农产品质量和食品安全标准体系，加强农业投入品和农产品质量安全追溯体系建设，健全农产品质量和食品安全监管体制，重点提高基层监管能力。

做大做强优质特色农产品品牌。开展特色农产品品牌创建行动，分层级、类别，突出地理信息和企业信息，以政府背书品牌为引领，带动区域公用品牌、企业品牌和产品品牌跟进，完善地区特色优势农产品品牌体系，推动农产品生产加工标准化、外向型和优质安全的发展，提升品牌产品附加值，巩固和深化品牌建设，提升品牌影响力。深化与"一带一路"沿线国家和地区农产品的贸易关系，实施特色优势农产品出口提升行动，扩大高附加值农产品出口。

2. 积极发展休闲农业与乡村旅游

发展壮大农村新产业新业态。大力推进农业农村资源与休闲旅游、农耕体验、文化传承、健康养生等产业的深度融合，丰富乡村旅游业态和产品，打造各类主题乡村旅游目的地和精品线路，发展观光农业、体验农业、创意农业等新产业新业态。合理布局、有序推进美丽乡村建设，支持发展乡村旅游，开展示范县、美丽休闲乡村、特色魅力小镇、精品景点线路、重要农业文化遗产等项目推广。

3. 建设现代农业产业园

以规模化种养基地为基础，依托农业产业化龙头企业带动，聚集现代生产要素，建设"生产+加工+科技"，一、二、三产业融合的现代农业产业园，发挥技术集成、产业融合、创业平台、核心辐射等功能作用。吸引龙头企业和科研机构建设运营产业园，发展设施农业、精准农业、精深加工、现代营销，发展农业产业化联合体，推动农业全环节升级、全链条增值。支持农户通过订单农业、股份合作、入园创业就业等多种形式参与建设、分享收益。

（四）"互联网+农业"新生产组织方式

"互联网+农业"是指将互联网技术与农业生产、加工、销售等产业链环节结合，实现农业发展科技化、智能化、信息化的农业发展方式。目前物联网、大数据、电子商务等互联网技术越来越多地应用在农业生产领域，这种发展方式不仅重塑了农产品的流通模式，推动了农产品电子商务的新发展，而且在一定程度上加快了转变农业生产方式、发展现代农业的步伐。

1. 互联网技术深刻运用的智能农业模式

以计算机为中心，对当前信息技术的综合集成，集感知、传输、控制、作业为一体，将农业的标准化、规范化大大向前推进了一步，不仅节省了人力成本，也提高了品质控制能力，增强了自然风险抗击能力，正在得到日益广泛的推广。

例如，在农业机械作业方面，基于 GPS、GIS 的现代信息技术装备到农场大型农业机械，实现农业机械自动驾驶、施肥、喷药和播种等。在农业灌溉方面，采用农田土壤水分数据采集和智能节水灌溉系统，实现灌溉的智能化、可控化。在田间管理方面，把遥感、视频等先进技术应用于田间作物生长监测和农业管理系统，实现作物生长动态监测和人工远程精准田间管理。在病虫害及自然灾害防治方面，依托地面自动气象观测站、数字化天气雷达、病虫害数据录入系统及病虫害数据管理测报专家系统，实现病虫害及自然灾害监测与预防的智能化。

2. 互联网营销综合运用的电商模式

农村电子商务是一种电子化交易活动，它是以农业生产为基础的。其中包括农业生产的管理、农产品的网络营销、电子支付、物流管理等。它是以信息技术和全球化网络系统为支撑点，构架类似 B2B、B2C 的综合平台支持，提供从网上交易、拍卖、电子支付、物流配送等功能，主要从事与农产品产、供、销等环节相关的电子化商务服务，农产品电商已成为促进农业发展、农村繁荣、农民增收的重要途径。

3. 互联网与农业深度融合的产业链模式

将互联网与农业产业的生产、加工、销售等环节充分融合。运用互联网技术去改造生产环节提高生产水平，管控整个生产经营过程确保产品品质，对产品营销进行创新设计，将传统隔离的一、二、三产业环节打通，形成完备的产业链。

与生产环节结合。依托互联网手段，通过便捷的网络通信渠道将市场供求变化和先进的农业科学技术传输到田间地头，辅助农民进行科学的生产决策，并积极引导小农经营向规模化、集约化方向发展。

与加工环节结合。应用信息技术实现对原料采购、订单处理、产品加工、仓储运输、质量管控的一体化管理，实现企业内部生产加工流通各环节上信息的顺畅交流和资源的合理配置，促进企业管理科学化和高效化。

在销售环节结合。利用现代网络技术，例如，射频技术和传感技术等，可实现农产品流通信息的快速传递，减少物流损耗，提高流通效率；引入商业智能和数据仓库技术，龙头企业可以更加深入地开展数据分析，提供有效的市场决策，积极应对市场风险；通过打造电子商务和网络化营销模式，实现农产品销售不再受限于地域和时间的制约，促进农业生产要素的合理流动，构建高效低耗的流通产业链。

与消费环节结合。利用物联网技术建立农产品安全追溯系统，对消费的农产品的来源、经过的环节、增值的过程都通过产品标识或者信息编码的方式传递给最终消费者，让原本游离于产业运行体系之外的消费者能够了解到农产品的相关质量信息，促进放心消费。

综上所述，可以说"互联网+农业"提高了效率，降低了风险，实现了数据可视化、市场可视化，使生产产量可控；打破传统，重新构建了农产品流通模式，突破了传统农产品生产模式，建立新的信息来源模式；提升消费者安全感，向国外可追溯农业看齐，加强食品安全监管；链条化，纵向拉长产业结构；信息共享，了解更多最新、最全信息。

二、文化建设

（一）让乡土文化成为乡村振兴的动力之源

1. 乡村振兴，文化先行

只有将中华文化体现和惠及幅员辽阔的中国乡村上，才能算得上真正的繁荣，乡村富庶而文明，泽惠绵亘。让农业成为有奔头的产业，让农民成为有吸引力的职业，让农村成为安居乐业的美丽家园，这三个方向的评判标准，不是单纯的统计报表所能够回答的，更多的是人们心底对乡村的认同和表里如一的体现，实际上是工业文明的突飞猛进和在城市化加速发展的过程中，中国人对乡村聚落和乡村生活方式的价值认同。

文化是心灵的家园，滋润了中华民族乡村社会几千年的优秀传统文化植根在悠远的历史与复杂的现实中。在中国传统社会，乡村文化不一定是落后的象征，而且恰恰可能是城市文化的重要补充。

2. 乡村文化是国家发展的重要战略资源

从国际发展经验来看，经济发展后文化越是悠久就越值得重新挖掘。好的文化传统是最宝贵的精神财富。

中国是一个人口大国，农业是中国养命之本，农业是中国立国之本。农村是传统文化生根之处。吾国吾民，皆莫不起源于乡村，故乡村者，父母之邦也，也是文化之肇端。建设好乡村文化，必将为中华文化的真正繁荣发展做出贡献。

（二）发展"文化+"，打造文化共同体

1."文化+传统道德"

积极利用优秀传统民俗文化的正能量，把传统道德约束与村民自律、村组织管理有效结合起来，促进和谐稳定。建好、用好新时代传习所，深入开展习近平新时代中国特色社会主义思想宣传教育。以社会主义核心价值观为引领，坚持教育引导、实践养成、制度保障"三管"齐下，采取符合农村特点的有效方式，深化中国特色社会主义和中国梦宣传教育，弘扬民族精神和时代精神。推进诚信建设，强化农民的社会责任意识、规则意识、集体意识、主人翁意识。深入实施公民道德建设工程，建好、用好农村道德讲堂，大力开展主题实践活动，评选勤劳致富、热心公益、孝老爱亲、创新创业、教子有方等乡村好人，宣传思想道德模范事迹。

实施"新乡贤培育计划"，建设乡村思想道德高地，充实乡村发展的中坚力量。加强乡村人力资源建设，聚人气、能传承、有后劲，是当前乡村文化建设乃至整体振兴的一个关键。

适当恢复乡贤文化，重在重建乡村的知识阶层，培育精英资源，充实精英力量，主要有以下几种途径：一是加强知识技能培训，着力提升本地农民素质；二是加强思想道德建设，以文化人，培育乡贤文化，以社会主义核心价值观为引领，弘扬"好为德于乡"的乡贤精神，建设乡村思想道德高地；三是吸引新乡贤反哺，鼓励各方社会贤达投身乡村建设，推动人才回乡、企业回迁、资金回流、信息回传，使优秀资源回到乡村、惠及乡村，要鼓励文化人士反哺乡村，因为传统社会读书人对地方人文具有积极教化与滋润作用。如果说梁漱溟先生曾经的乡村儒学建设因为时代动荡而失败了，如今国家安定和平，又大力倡导优秀传统文化，城市反哺乡村的条件已经成熟。

2."文化+公共活动"

当前，随着乡村社会关系和结构的变动，很多基层文化设施成为摆设。一些文化活动由于与群众实际需求有差距，群众对此并不热心，一些乡村出现文化边缘化现象。以"文化+公共活动"的方式建设乡村文化是一种具有意义的文化探索。

积极开展各种文化活动，弘扬和宣传中华文化，发挥中华文化正能量的作用来为经济社会发展服务，培养广大民众弘扬中华文化的自觉行动，并树立起文化自信；利用民俗文化中带有正能量的功能，加强连接城乡的文化纽带建设，为乡村社会的自治和稳定发展服

务，使优秀民俗成为乡村公共活动的平台资源，在文化上有传承，在发展中有凝聚和认同。从乡村的实际出发，因地制宜，激发乡村文化活动的主创性，充分汲取乡土精华，充分吸纳乡村文化成果，积极打造特色乡村文化，广泛开展形式多样、内容丰富的文化惠民活动，努力营造浓厚的文化氛围。

3. "文化+经济发展"

在自觉传承民风民俗的基础上，发展观光农业、现代农庄和特色小镇等，使农民在家门口致富，使乡村成为宜业宜居的新家园。

在工艺美术资源丰富地区，构建"手艺农村"站点，实现"一村一案""一乡一业"的网格化布局，在条件成熟地区探索建立传统手工艺原创生产示范基地，以手艺带农户，以农户带农村，以农村带基地，以基地带销售，建设"手艺农村"原创手工艺品线上线下营售商业模式，发展农村手工文化产业。同时，在民族及边远贫困地区实施"手艺文化扶贫"，推动少数民族及边远贫困地区手工艺产品品牌、企业品牌向区域文化品牌转移，加强手工艺知识产权法律援助，开展创意研发等文化帮扶，开放手工创意产品发行传播通道，帮助产品直销，动员吸收社会力量来发展民族地区及贫困地区特色手工艺。

（三）打造乡村人文新生态

要善于利用乡村的淳朴、历史的遗迹、乡村风俗传说与历史典故的资源，与乡村的山水、食物、自然风光结合起来，打造一种人文新生态。

要保护优秀文化遗产，深入挖掘农耕文化蕴含的优秀思想观念、人文精神、道德规范，充分发挥其在凝聚人心、教化群众、淳化民风中的重要作用。保护好文物古迹、传统村落、民族村寨、传统建筑、农业遗迹、灌溉工程遗产。支持农村地区优秀戏曲曲艺、少数民族文化、民间文化等传承发展。同时，健全乡村公共文化服务体系，发挥县级公共文化机构辐射作用，推进基层综合性文化服务中心建设，实现乡村两级公共文化服务全覆盖。

整理、保护、传承和发展地域优秀传统文化。加强文化和自然遗产保护，坚决杜绝过度商业化开发现象。建设乡村博物馆，推动创作具有地方特色和乡土气息的书画、影视、戏曲、曲艺、文学等文化作品，尤其是体现讲好中国故事、表现人民大众、反映时代风貌、突出地域特色的文化作品。

保护好文物古迹、传统村落、民族村寨、传统建筑、农业遗迹、灌溉工程遗产，建设少数民族特色村寨。加强对历史文化名村和自然风景名村以及名人故居的修缮和保护，防止它们在工业化和城镇化进程中受到破坏，充分发挥它们在文化传承中的载体作用，不仅要把文化建设的设施深入乡村，更需要把中华人文精神在乡村复兴。

（四）加强农村公共文化服务体系建设

加强农村公共文化服务体系建设，丰富群众文化生活，充实乡村内生动力。繁荣兴盛农村文化，焕发乡风文明新气象，坚持物质文明和精神文明一起抓，推动农村文化事业和文化产业发展，提升农民精神风貌，培育文明乡风、良好家风、淳朴民风，不断提高乡村社会文明程度。

我国农村地区经济社会发展水平各不相同，风土人情各异，农村文化建设应根据各地实际，体现地域特色。一是从乡村文明出发完善基础设施。加强各类文化基础设施建设，为乡村居民提供丰富多彩的文化服务；建设具有共同价值的"乡土博物馆"等文化设施，重视具有识别价值的乡村聚落、民居住宅等"乡土景观群"，使集物候节律、传统节日等与日常生产生活一体的"农业遗产带"焕发活力，进一步发展集循环农业、创意农业、农事体验于一体的"田园综合体"，发挥乡土文化景观的人文辐射作用。二是从地方文化出发，开展群众喜闻乐见的文化活动。调动农民参与热情，自创文化阵地；推进基层综合文化服务中心建设，实现乡村两级公共文化服务全覆盖；广泛开展群众性文化活动，鼓励各类民间艺人为农村文化服务多做工作，让民间文艺活跃在民间。三是加强"三农"题材文艺创作，反映乡村振兴的历史进程，叙述优秀的"三农"故事，体现乡村价值、乡村精神，鼓舞人们建设乡村、发展乡村；活跃繁荣农村文化市场，丰富农村文化业态，弘扬乌兰牧骑精神，开展"红色文艺轻骑兵送文化""文化惠农直通车"等系列活动。

（五）复兴乡村教育重建文化自信

1. 复兴乡村教育

乡村学校不仅是乡村的教育机构，也是传统文化传承的重要载体。乡村学校与乡村社会是相互影响和促进的互动过程。一方面，乡村对学校教育发挥着潜移默化的影响，乡风、民风、风俗、习惯、传统道德以及乡村信仰等通过人们的言行举止影响和教化在校学生。诸如尊老爱幼、邻里互助、诚实守信、传统礼仪以及为人处世的规范等都可以成为重要的教化内容。因此，乡村学校是传统文化得以传承的重要空间。另一方面，乡村学校同时也是重要的乡村文化和社会整合组织。如乡村学校提供了一种重要的公共生活的场所。这种公共生活因其超越家庭、邻里等初级组织，是传统与现代文化结合，乡村与城市生活方式融合、衔接的重要载体。可以在现代文化信仰、价值观念、科技知识、现代理念等方面实现更大范围的社会整合。近代乡村学校的社会整合功能还体现在乡村教师作为乡村社会的文化人、士绅、有知识、有威望的长老代表，承担着调解社会纠纷、规制乡风民俗、凝聚社会团结的作用。现代乡村学校本应根植于乡村，存在发展于乡村，乡村学校教育功能应与乡村社会功能相结合，方便学生往返学校与家庭之间，既有利于融入乡村社会，接受乡村文化熏陶，也利于教师与村民、家长交流。学校对乡村开放、学校资源为村民共享，使学校成为乡村文明的指示塔，对促进整个乡村文明、文化进步具有重要意义。

乡村教育的衰落是乡村衰落的重要表现，也是原因之一。因此，乡村教育复兴是乡村振兴的重要内容，也是乡村振兴的基础。2018年推动城乡义务教育一体化发展，教育投入继续向困难地区和薄弱环节倾斜。目前我国教育事业全面发展，正在逐步实现从"有学上"到"上好学"，从教育大国迈向教育强国。但是，乡村教育仍然是我国教育最大的短板，教育发展中最大的不平衡仍然是城乡发展的不平衡，最大的不充分仍然是乡村教育发展的不充分。乡村教育是复杂的社会体系，包括乡村基础教育、乡村成人教育和乡村家庭及社会教育。有条件的地方应该恢复村小学，既方便农村学生上学，也可发挥教育和影响村民的作用。办好村里的农民成人学校是十分重要的，其作为培养新型农民的阵地，担负着党的路线方针教育、文化法治教育、农业科技教育推广、乡村生产技能教育、乡村生活方式教育、农民组织与管理的教育等教育职责。乡村迫切需要完善新型农民教育体系，创新农民教育内容和方式，重视乡村师资队伍建设和教育条件改善。只有发展好乡村教育，才能培养出大批懂农业、爱农民、爱农村的"三农"人才，乡村振兴战略才能获得可持续发展的动力。

2. 农教结合

乡村教育不仅承载着乡村的教育问题，在城乡融合、一二三产业联动的背景下，农业因其自身的产业特色，完全可以做到与日常的学校教学相结合，吸引大量的城镇居民，实现真正的农教结合。

我们也可以开发以农业为主的课程。例如，城镇的学校可以在乡村安排一些教学活动以及周末的亲子活动。当下国内的课堂教学往往采用课堂授课的方式，或放映一些教学片，往往比较单调，很难调动学生的兴趣。如果部分课堂教学可以放到农教结合的农场中，那么我们可能会看到，学生在田间观察植物生长，在动物饲养区喂养小动物，在地里参与农事劳动，这些都会丰富学生的阅历。也可以在乡村开设生命教育课程，农业生命的呈现过程是所有行业当中最完善的，呈现了植物生根、发芽、开花、结果、死亡，动物出生、成长、衰老、死亡。既可以通过速生的蔬菜，也可以通过不同生长阶段的动物来告诉学生生命到底是什么。让学生感悟生命的有限性、唯一性，从而思考个体生命的存在价值，并在人生实践中实现其生命价值，这远比一味地灌输教导更有说服力。

三、生态建设

(一) 改善乡村人居环境

实现生态宜居的目标，首先要解决乡村现有的环境问题，改造和升级乡村居民生活环境设施，在让居民生活更方便、更环保、更有质量的同时，减少居民生活对环境产生的污染和破坏，整治乡村的人居环境，整合各种资源，做好乡村垃圾清理、污水治理、饮用水保护和村容村貌提升，稳步有序地针对农村人居环境进行治理。

推进农村生活垃圾治理。统筹考虑生活垃圾和农业生产废弃物利用、处理，建立健全符合农村实际、方式多样的生活垃圾收运处置体系。有条件的地区要推行适合农村特点的垃圾就地分类和资源化利用方式。开展非正规垃圾堆放点排查整治，重点整治垃圾山、垃圾围村、垃圾围坝、工业污染"上山下乡"。

开展厕所粪污治理。合理选择改厕模式，推进厕所革命。东部地区、中西部城市近郊区以及其他环境容量较小的地区村庄，加快推进户用卫生厕所建设和改造，同步实施厕所粪污治理。其他地区要按照群众接受、经济适用、维护方便、不污染公共水体的要求，普及不同水平的卫生厕所。引导农村新建住房配套建设无害化卫生厕所，人口规模较大村庄配套建设公共厕所。加强改厕与农村生活污水治理的有效衔接。鼓励各地结合实际，将厕所粪污、畜禽养殖废弃物一并处理并资源化利用。

梯次推进农村生活污水治理。根据农村不同区位条件、村庄人口聚集程度、污水产生规模，因地制宜采用污染治理与资源利用相结合、工程措施与生态措施相结合、集中与分散相结合的建设模式和处理工艺，推动城镇污水管网向周边村庄延伸覆盖。积极推广低成本、低能耗、易维护、高效率的污水处理技术，鼓励采用生态处理工艺。加强生活污水源头减量和尾水回收利用。以房前屋后河塘沟渠为重点，实施清淤疏浚，采取综合措施恢复水生态，逐步消除农村黑臭水体。

防控乡村企业污染。严格控制在优先保护类耕地集中区域新建有色金属冶炼、石油加工、化工、焦化、电镀、制革等行业企业，现有相关行业企业要采用新技术、新工艺，加快提标升级改造步伐。

(二) 提高绿色农业生产水平

绿色农业是发展现代农业的最前沿，不断提高绿色农业生产水平，逐步减少农业生产对生态环境的污染和破坏，用生物肥料和生物农药替代化学肥料和化学农药，使用可降解程度更高的薄膜，把化学有机物对土壤、河流的面源污染程度降到最低，为消费者提供安全、高品质的农产品。

1. 提高全社会的绿色消费意识

随着人们生活水平的提升，绿色消费理念逐渐获得越来越多人的认可，这就大大扩大了无公害绿色农产品的消费需求。应积极宣传绿色消费理念，增强人们的绿色消费观念与意识。

其一，在日常的消费行为中，应逐渐融入一些绿色消费的理念，逐步影响消费者的行为。例如，工业化的发展带来了严重的环境污染，农药、化肥的过度使用也进一步加剧了农产品的安全隐患。

其二，加大力度宣传绿色消费及绿色产品对人体健康、环境保护方面的好处。通过科技人员下乡培训、宣传以及广播、电视、网络等媒介的推广，让更多的人认识绿色农业，培养消费者的绿色消费观念，让消费者认识到农产品的质量安全、资源环境的保护都与自身利益息息相关，让农民认识到绿色农业有利于长久保障农民收入的增长。

其三，应在全国推行生态保护理念，让农业生产的生态保护意识深入人心，让绿色生产、安全生产贯穿整个农业生产，形成技术、环境、经济的和谐、可持续发展。

2. 建立健全绿色农业发展的体系与制度

绿色农业发展是否能够成功，关键在于能否让农民以及相关的企业获得足够的效益。绿色农业的发展离不开市场机制的推动，但是政府扶持却是绿色农业发展的重要动力与基石，政府通过颁布相应的法律法规，为绿色农业的发展提供财力、物力、人力的支持。

构建齐全的绿色农业生产法律法规。绿色农业的可持续发展需要相应的法律法规，以加强对绿色农业发展战略的保护。绿色农业不仅关乎农业生产本身，也与环境保护直接相关，因此，完善绿色农业生产相关的法律法规，将有利于生态环境的保护，增强人民的法治意识，为绿色农业的推行提供法律支撑。

加强对绿色农产品的质量监控。应构建科学、严格的绿色农产品质量安全认证体系，并严格规范绿色农产品申报、审批相关的制度。打通绿色农产品产销通道，解决绿色农业发展的终端消费问题。规范绿色农产品质量监督管理体系，从严控品质着手，打造绿色农产品的公信力。

为绿色农业发展提供可靠的政策保障。首先，要在土地经营政策方面提供支持。对于绿色农业龙头企业，优先保障其用地指标，并在工商注册、收费、土地审批方面予以支持。其次，在产业投资政策方面也应予以扶持。提高政府财政预算对绿色农业发展的支持，重点倾向于有利于生态环境保护、资源利用、清洁生产等方面的绿色农业发展项目。进一步提高对循环农业、农业污染治理、高标准农田等项目的建设标准以及投资的支持力度。

3. 强化绿色农业发展的科技支撑

（1）先进技术的创新与开发

第一，充分重视绿色农业技术人才。对绿色农业而言，科学技术是第一生产力，而技术人才是生产力发展的关键。构建绿色农业技术研究团队，整合企业、科研院所以及高校的科研人才，聚集尖端科研实力，为绿色农业发展注入强大的人才动力。

第二，重视先进技术的创新与研发工作。从技术创新的角度开发绿色环保型农业技术，进一步满足绿色农业发展需求。在种植方面，开发保护性耕作技术，提升土地利用率与劳动生产技术；与此同时，加强防治技术、病虫害预测与控制技术的研究。在农产品加工方面，应创新绿色农产品加工工艺，拓展绿色农产品产业链，最大限度地提升和开发绿色农产品的附加值。通过技术创新，打造完善的绿色农业产业系统，推广应用无公害技术和清洁生产技术，最大限度地降低污染物的排放和资源的消耗。

第三，加强新技术、新科技的推广力度。将农业企业培养成农业新技术、新科技的研究与成果转化主体，并鼓励研究机构将研究成果向一线农业生产转化，积极推动各类型的农业科技服务组织参与到科技成果转化的工作当中。

（2）加大绿色农业发展的资金投入

第一，加强财政对绿色农业产业发展的资金支持。划定各级财政的财务支持范围，鼓励绿色农业主体参与到经营当中，对于涉及公共利益的社会项目，如生态环境区的保护、生态农业基础设施建设等，鼓励投资方的多元化。

第二，注重绿色农业补贴的力度与广度。提高绿色农业补贴的规模，全面提高绿色农业生产的综合能力，促进农业发展方式的转变和环境资源的保护，提升农民收入水平，促进城乡协同发展。

第三，进一步拓宽资金进入绿色农业产业的渠道。做大、做强绿色农业产业，离不开市场机制与社会资金的注入。各级政府及金融机构应加强对绿色农业发展投入的支持力度，扫清绿色农业资金投入的障碍；发挥农村信用社在绿色农业产业金融支持的作用，引导各类金融机构积极进入绿色农业，包括降低农民小额贷款的门槛，加大政府对贷款利息的补贴等；重视社会资金在绿色农业生产中的作用，健康引导民间金融组织进入绿色农业产业。

（三）乡村土地整治

1. "土地整治+都市服务产业"，打造特色业态综合体

借助土地整治线上平台，传播土地整治价值并对接社会需求，通过市场机制筛选未来

土地利用方式的"最优解"，与相关主体达成用地意向。引入创新智库，直接对接未来规划产业的用地需求，因地制宜、因用施整，提升设计施工的精细化与美学水平。借助平台吸引资源，特别是未来用地主体的投入，创新 PPP、众筹等投融资模式，与后续利用无缝对接，吸引都市服务性产业进驻。

2. "土地整治+农村闲散资源"，激活乡村发展内生动力

通过土地整治工程，改变乡村零散资源的空间结构和利用组织形式，有效对接都市需求，激活乡村发展内生"造血"能力，实现乡村复兴、精准扶贫等综合目标。以"价值挖掘、深度利用"为指引，在规划设计方面，为公共服务和乡村旅游配套设施腾挪空间，对地方原生特色地形地貌和具有文化、历史价值的建筑予以保护修缮，酌情改造为旅游服务设施。

3. "土地整治+都市现代农业"，弥补健康农业产能短板

通过多功能农用地整治的"两增加"，即适度增加设施农用地比例、增加绿色基础设施，实现促进高科技农业生产技术落地、促进都市型现代农业的业态发展。运用"土地整治+都市现代农业"，沟通供需两端，挖掘农用地复合价值，弥补健康农产品供给、农业生态旅游等都市服务短板。

4. "土地整治+环境综合整治"，构建重大生态功能区

以重要的生态网络节点和生态保育区建设为突破口，借助土地整治平台，加强部门间规划与资源投入的协调度，有效对接社会资金、技术资源，保障土地整治顺利实施。拓展绿地、农田、水域等生态空间，消除污染点，高效利用复垦形成的土地资源，适度增加林地面积比例，促进生态空间沟通联结；借助"土地整治+"，沟通项目区与都市区（消费市场），对各类生态空间进行保护性、有限度开发，实现"以整促绿、以绿养绿"。

（四）加强生态保护区、水源涵养区的生态功能建设

生态宜居的乡村要尊重自然环境、尊重历史肌理、尊重地域文化，加强生态保护区、水源涵养区的生态功能建设，最大限度地发挥它们美化乡村，"看得见青山，望得见绿水，留得住乡愁"的生态功能。

1. 合理引导产业发展

充分利用生态功能保护区的资源优势，合理选择发展方向，调整区域产业结构，发展有益于区域主导生态功能发挥的、资源环境可承载的特色产业，限制不符合主导生态功能保护需要的产业发展，鼓励使用清洁能源。

限制损害区域生态功能的产业扩张。根据生态功能保护区的资源禀赋、环境容量，合

理确定区域产业发展方向，限制高污染、高能耗、高物耗产业的发展。要依法淘汰严重污染环境、严重破坏区域生态、严重浪费资源能源的产业，要依法关闭破坏资源、污染环境和损害生态系统功能的企业。

发展资源环境可承载的特色产业。依据资源禀赋的差异，积极发展生态农业、生态林业、生态旅游业；在中药材资源丰富的地区，建设药材基地，推动生物资源的开发；在以畜牧业为主的区域，建立稳定、优质、高产的人工饲草基地，推行舍饲圈养；在重要防风固沙区，合理发展沙产业；在蓄滞洪区，发展避洪经济；在海洋生态功能保护区，发展海洋生态养殖、生态旅游等海洋生态产业。

推广清洁能源。积极推广沼气、风能、小水电、太阳能、地热能及其他清洁能源，解决农村能源需求，减少对自然生态系统的破坏。

2. 保护和恢复生态功能

遵循先急后缓、突出重点，保护优先、积极治理，因地制宜、因害设防的原则，结合已实施或规划实施的生态治理工程，加大区域自然生态系统的保护和恢复力度，恢复和维护区域生态功能。

提高水源涵养能力。在水源涵养生态功能保护区内，结合已有的生态保护和建设重大工程，加强森林、草地和湿地的管护和恢复，严格监管矿产、水资源开发，严肃查处毁林、毁草、破坏湿地等行为，合理开发水电，提高区域水源涵养生态功能。

恢复水土保持功能。在水土保持生态功能保护区内，实施水土流失的预防监督和水土保持生态修复工程，加强小流域综合治理，营造水土保持林，禁止毁林开荒、烧山开荒和陡坡地开垦，合理开发自然资源，保护和恢复自然生态系统，增强区域水土保持能力。

增强防风固沙功能。在防风固沙生态功能保护区内，积极实施防沙治沙等生态治理工程，严禁过度放牧、樵采、开荒，合理利用水资源，保障生态用水，提高区域生态系统防沙固沙的能力。

提高调洪、蓄洪能力。在洪水调蓄生态功能保护区内，严禁围垦湖泊、湿地，积极实施退田还湖还湿工程，禁止在蓄滞洪区建设与行洪、泄洪无关的工程设施，巩固平垸行洪、退田还湿的成果，增强区内调洪、蓄洪能力。

增强生物多样性维护能力。在生物多样性维护生态功能保护区内，采取严格的保护措施，构建生态走廊，防止人为破坏，促进自然生态系统的恢复。对于生境遭受严重破坏的地区，采用生物措施和工程措施相结合的方式，积极恢复自然生境，建立野生动植物救护中心和繁育基地。禁止滥捕、乱采、乱猎等行为，加强外来物种管理。

保护重要海洋生态功能。在海洋生态功能保护区内，合理开发利用海洋资源，禁止过度捕捞，保护海洋珍稀濒危物种及其栖息地，防治海洋污染，开展海洋生态恢复，维护海洋生态系统的主要生态功能。

3. 保障措施

第一，建立多渠道的投资体系。要探索建立生态功能保护区建设的多元化投融资机制，充分发挥市场机制作用，吸引社会资金和国际资金的投入。要将生态功能保护区的运行费用纳入地方财政。同时，应综合运用经济、行政和法律手段，研究制定有利于生态功能保护区建设的投融资、税收等优惠政策，拓宽融资渠道，吸引各类社会资金和国际资金参与生态功能保护区建设。要开展生态环境补偿机制的政策研究，在近期建设的重点生态功能保护区内开展生态环境补偿试点，逐步建立和完善生态环境补偿机制。

第二，加强对科学研究和技术创新的支持。生态功能保护区建设是一项复杂的系统工程，要依靠科技进步搞好生态功能保护区建设。要围绕影响主导生态功能发挥的自然、社会和经济因素，深入开展基础理论和应用技术研究。积极筛选并推广适宜不同类型生态功能保护区的保护和治理技术。要重视新技术、新成果的推广，加快现有科技成果的转化，努力减少资源消耗，控制环境污染，促进生态恢复。要加强资源综合利用、生态重建与恢复等方面的科技攻关，为生态功能保护区的建设提供技术支撑。

第三，增强公众参与意识，形成社区共管机制。生态功能保护区建设涉及各行各业，只有得到全社会的关心和支持，尤其是当地居民的广泛参与，才能实现建设目标。要充分利用广播、电视、报刊等媒体，广泛深入地宣传生态功能保护区建设的重要作用和意义，不断增强全民的生态环境保护意识，增强全社会公众参与的积极性。各级政府要通过与农、牧户签订生态管护合同，建设环境优美乡镇、生态村等多种形式，建立良性互动的社区共管机制，提高当地居民参与生态功能保护区建设的积极性，使当地的经济发展与生态功能保护区的建设融为一体。

四、福祉建设

（一）推动乡村基础设施建设提档升级

农村要发展，基础设施建设是关键，从政策、资金等方面进一步完善农村道路、自来水等基础设施，让乡村打破发展瓶颈，才能真正实现民富村美。

推动农村基础设施建设提档升级，需要重塑城乡关系，走城乡融合发展之路，破除城乡二元结构形成的制度和发展红利壁垒，建立城乡一体化发展的体制机制，让乡村居民享受同等的发展红利。坚持以工补农、以城带乡，把公共基础设施建设的重点放在农村，推动农村基础设施建设提档升级，优先发展农村教育事业，促进农村劳动力转移就业和农民增收，加强农村社会保障体系建设，推进健康乡村建设，持续改善农村人居环境，逐步建立健全全民覆盖、普惠共享、城乡一体的基本公共服务体系，让符合条件的农业转移人口在城市落户定居，推动新型工业化、信息化、城镇化、农业现代化同步发展，加快形成工农互促、城乡互补、全面融合、共同繁荣的新型工农城乡关系。

乡村基础设施建设要紧扣民生抓实效。在医疗卫生、教育、养老等硬件设施的建设方面，根据经济社会和人口发展的具体情况，对各种设施进行科学、平衡布局，在乡村与城镇之间构建半小时公共服务圈，实现公共服务的乡村全覆盖，缩小公共服务上的城乡差别。以增进人民福祉为出发点和落脚点，聚焦群众期盼抓改革，推动共享发展。推进农村危房改造，加大农村危旧房改造力度，重点帮助特困农户实施危房改造，支持避灾、生态脱贫等移民新村的建设；实施农村安全饮水工程，让农民都能喝上安全清洁的放心水，鼓励社会资本规范有序地参与村镇供水工程建设；完善农村路网建设，实现宜居地段通乡、通村公路全覆盖，提高农村公路安全畅通水平；改造升级农村电网，提高电网供电能力和电能质量，实现城乡各类用电同网同价，进一步减轻农村用电负担；提升农村信息化水平，实现行政村互联网宽带上网目标。

（二）提高乡村基本公共服务水平

在提高公共服务能力建设上，目前主要问题在于公共服务领域的城乡差距仍然太大，农村公共服务的保障水平太低，从"有"到"好"是当前的主要目标。根据发展需要，培养合格的医生、教师、老人护理员和康复师，为居住在乡村的居民提供高质量的各种公共服务，最终实现城乡公共服务均等化。

深化教育综合改革，大力发展更加公平、更高质量的教育，全面提升教育发展质量水平。高度重视发展农村义务教育，继续推动城乡义务教育一体化发展，着力提高农村义务教育质量和便利性。发展农村学前教育，提高学前三年毛入园率；推进农村普及高中阶段教育，加强职业教育，鼓励创办县级职教中心（职业学校）。

深化社会保障制度改革，实施社会保障全覆盖工程，着力完善社会保障体系。完善城乡居民基本养老保险制度，着力增加农民基础养老金，完善统一的城乡居民基本医疗保险制度和大病保险制度，着力提高农民报销比例，统筹城乡社会救助体系，着力提高农村低保标准和覆盖面。在新型农村合作医疗制度建立后，我国农村地区医疗保障事业虽然取得了巨大成就，但仍然面临着若干障碍性因素和制度设计的困境，包括制度内容存在若干不合理之处、配套体制障碍、管理分割与实施中遇到的问题以及相关法律制度供给不足等。今后改革的方向应是统筹发展城乡医疗保障制度以及建立城乡一体化的医疗保障管理体制，这有助于整合现有管理资源，降低医疗管理成本，并通过增加基金数量达到增强基金抗风险能力的效果。在构建整合型医疗卫生保障制度的过程中，我国各地区需要考虑到经济差异与管理分割等方面带来的制约性因素，建立一套合理、有序的制度设计，并依照循序渐进的原则，在实践中不断摸索、完善。增加财政投入，提高筹资水平，鼓励资金来源渠道多样化，完善长效筹资机制；实行配套改革措施，缩小城乡与区域间差距，强化政策宣传与政策落实力度；有效实施跨省就医费用核查与结报，加强农村合作医疗信息化建设与立法工作等。

推进城乡低保统筹发展，完善低保对象认定办法，建立低保标准动态调整机制，确保农村低保标准不低于国家扶贫标准。建立健全困境儿童福利保障和未成年人社会保护制度，切实维护未成年人合法权益。加强农村养老服务体系、残疾人康复和供养托养设施建设。强化农村公共卫生服务，加强慢性病综合防治，加强人畜共患病防治，改善乡镇卫生院和村卫生室硬件设备条件，加强农村医务人员队伍建设。

（三）打好精准脱贫攻坚战，增强贫困群众获得感

打好精准脱贫攻坚战是第一民生工程，是乡村振兴的头等大事。乡村振兴，摆脱贫困是前提。中央一号文件要求打好精准脱贫攻坚战，增强贫困群众获得感。由"打赢"向"打好"转变，一字之差，体现的是质量导向的问题，意味着脱贫攻坚将从注重全面推进帮扶向更加注重深度贫困地区攻坚转变，从注重减贫速度向更加注重脱贫质量转变，从注重找准帮扶对象向更加注重精准帮扶稳定脱贫转变，从注重外部帮扶向注重外部帮扶与激发内生动力并重转变，从开发式扶贫为主向开发式与保障性扶贫并重转变。而要实现由"打赢"向"打好"转变就必须更加注重提升脱贫攻坚质量，把提高脱贫质量放在首位，更加注重深度贫困地区攻坚，开发式与保障式扶贫并重。深化脱贫攻坚体制机制改革，完善精准识别、精准帮扶、精准管理机制，实施好健康脱贫政策，确保扶真贫、真扶贫、真脱贫。

五、政治建设

（一）强化乡村振兴政治保障

1. 加强农村基层党组织建设

突出强化政治功能，以提升组织力为重点，把村级党组织建设成为坚强战斗堡垒，不断夯实党在农村基层执政的组织基础。扎实推进抓党建促乡村振兴，以乡村振兴成果检验基层党建工作成效。推进星级村党组织创建活动，探索开展支部联建，持续整顿软弱涣散的农村基层党组织。全面提升村级组织规范化服务建设水平，发挥村部服务群众、凝聚群

众的阵地作用，提升村级党组织服务群众能力。完善村党组织领导的村民自治机制，坚持和健全农村重大事项、重要问题、重要工作由党组织讨论决定的机制。加强党风廉政建设，推行村级小微权力清单制度，加大基层权力腐败审查惩处力度，严厉整治惠农补贴、集体资产管理、土地征收等领域侵害农民利益的不正之风和腐败问题。加大农村基层基础保障力度，推动村级组织运转经费、村级组织服务群众专项经费稳步增长。推动农村党的组织和党的工作全面覆盖。

2. 加强"三农"工作队伍建设

把懂农业、爱农村、爱农民作为基本要求，加强"三农"干部工作队伍培养、配备、管理、使用。制订并实施培训计划，全面提升"三农"干部队伍的能力水平。配强县、乡党政领导班子和农业系统干部。推进干部交流，有计划地选派省直部门、高校和科研院所优秀、年轻干部人才到县（市）、乡村挂职或任职，拓宽县级"三农"工作部门和乡镇干部来源渠道。把到农村一线工作锻炼作为培养干部的重要途径，注重提拔使用实绩优秀的干部，形成人才向农村基层一线流动的用人导向。加强村党组织"带头人"队伍建设，从第一书记、科技特派员、离任党员领导干部和外出务工经商人员、大中专毕业生、复员退伍军人等群体中，选一批、派一批、引一批，建设一支结构合理、素质优良、活力较强的村党组织"带头人"队伍，适应乡村振兴需要。

3. 凝聚推进乡村振兴强大合力

以乡情乡愁为纽带，发挥工会、共青团、妇联、科协等群团组织的优势和力量，发挥各民主党派、工商联、无党派人士等积极作用，吸引社会各界投身乡村建设。加大宣传力度，讲好乡村振兴故事，宣传各地区各部门推进乡村振兴的丰富实践，振奋基层干部群众精神，营造全社会关心、支持、参与落实乡村振兴战略的浓厚氛围，加强乡村统计工作和数据开发应用。从实际需要出发，研究制定促进乡村振兴的地方性法规、规章，把行之有效的乡村振兴政策法定化，发挥立法在乡村振兴中的保障和推动作用。

（二）加强农村基层基础工作，创新乡村治理体系

社会治理主要是政府和社会组织为促进社会系统协调运转，对社会系统的组成部分、社会生活的不同领域以及社会发展的各个环节进行组织、协调、监督和控制的过程。社会治理的基本任务是规范社会关系、处理社会问题、规范社会行为、化解社会矛盾、促进社会公正、应对社会风险、促进社会稳定、保障人民群众的权益及其实现。社会治理是公共权力的运作和实现，社会的稳定、平安、和谐是社会治理所要实现的直接目标。推进乡村社会治理就是要实现乡村社会依法、有序、健康的发展。发展是社会进步的永恒主题，也

是满足人民对美好生活需要的根本途径。按照中央提出的"五位一体"的总体布局和"五化同步"的发展战略，落实五大发展理念，加快从数量增长向质量发展转型，既要发挥市场在要素配置中的决定作用，也要更好地发挥政府作用。着力夯实基层基础，建立健全党委领导、政府负责、社会协同、公众参与、法治保障的现代乡村社会治理体制，推动社会治理和服务重心向基层下移，坚持自治、法治、德治相结合，确保乡村社会充满活力、和谐有序。

第二章　乡村旅游的发展模式和规划

第一节　乡村旅游的发展模式

一、乡村旅游产业发展模式概述

随着乡村旅游在全国范围的迅速开展，国内学者对乡村旅游的研究越来越多，并且取得了较多成果，特别是在乡村旅游发展模式方面，但是较多学者只针对该研究领域的某一方面进行研究，至今未有学者对乡村旅游发展模式进行全面的总结。鉴于此，本章从不同方面对乡村旅游发展模式进行概述，旨在推广先进的、成功的发展模式经验，以期促进中国乡村旅游的全面、快速、可持续发展。根据不同类型景区的发展特点，本章分析归纳了国内乡村旅游发展的七大模式，并对各种模式在实际操作中的指导意义进行了深入探讨。

二、民俗风情型发展模式

（一）发展背景

民俗风情乡村旅游具有文化的原生性、参与性、质朴性及浓郁的民俗风情的特点，独具一格的民族民俗、建筑风格、饮食习惯、服饰特色、农业景观和农事活动等，都为民俗旅游提供了很大的发展空间。我国民俗旅游开发资源基础丰富，特点鲜明，区域性和民族个性较强，发展优势明显。同时由于投资少、见效快，逐渐成为少数民族聚集区经济发展中新的增长点和旅游亮点，得到当地政府的大力支持，也受到国内外旅游者的推崇。但随着民俗旅游的蓬勃发展，民俗文化在旅游中受到了冲击，甚至消亡，面对民俗文化保护和旅游开发的矛盾以及当地居民与旅游经济的博弈，民俗依托型乡村旅游未来应该如何发展？如何实现利益共享？寻找发展平衡点对推动我国乡村旅游发展具有积极的实践意义。

民俗风情旅游是一种高层次的文化旅游，主要包括物质风俗、社会组织风俗、节庆风俗、人生仪礼和精神文化民俗五部分，由于它满足了游客"求新、求异、求知"的心理需求，已经成为旅游行为和旅游开发的重要内容之一。乡村民俗文化旅游是以乡村民俗、乡村民族风情以及传统民族文化为主题，将乡村旅游与文化旅游紧密结合的旅游类型。它有助于深度挖掘乡村旅游产品的文化内涵，满足游客文化旅游需求，提升产品档次。例如，匈牙利乡村文化旅游产品使游人在田园风光中感受乡村野店、山歌牧笛、乡间野味所带来的民俗风情，欣赏充满情趣的文化艺术以及体味几千年历史积淀下来的民族文化。

近几年，我国的民俗文化旅游事业也取得了很大进步，以民俗文化作为旅游项目逐步树立了自己的品牌形象，各地旅游部门都在大力挖掘本地区的民俗文化资源，使之成为新的经济增长点，民俗风情游、古民居游等具有民族民间文化特色的旅游项目发展迅速，如山西黄河民俗游、云南昆明民族村游、内蒙古草原风情游、新疆民俗游等。

（二）主要特征

1. 历史性

历史性是民俗发展在时间上或特定时代里显示出的外部特征。这个特征也可以叫作时代标志的特征。因为这种特征是在民俗发展的特定历史中构成的，所以叫作历史性。以发式风俗为例，全蓄发、簪发为髻置于头顶，这是明代男发式；前顶剃光，后脑梳单辫，是清代男发式；分发、背发、平头、剃光是辛亥革命后的男发式，直至今日。这便展示出几百年间发式的历史特征。同样，服饰风俗中的长衫、马褂、圆顶瓜皮小帽，正是旧中国一般商人、乡绅的男装，中华人民共和国成立后被迅速淘汰了。在我国长期的封建统治下，民俗的历史面貌呈现出一种相对稳定的保守状态，这是就整个封建时代的面貌而言的；但是，即使是整个封建时期，由于改朝换代、民族交往、生产发展等政治、经济因素的影响，各个阶段也会显示出不同的历史特点。在我国历史上尽管封建统治制度不变，但是由于某些非前代、反前代思潮的影响，各种风俗相应地都打上了新的历史印记。像唐代服饰，经过了五代，到了北宋、南宋时期，便有了较大历史变化，基本上由宽肥趋于窄瘦了。民俗考察与民俗研究不能忽视民俗的这个历史特征。

2. 地方性

地方性是民俗在空间上所显示出的特征。这种特征也可以叫作地理特征或乡土特征。因为这个特征是在民俗的地域环境中形成并显示出来的。俗语说的"十里不同风，百里不同俗"，正是这种地方性特征的很好说明。民俗的地方性具有十分普遍的意义，无论哪一类民俗现象都会受到一定地域的生产、生活条件和地缘关系的制约，都不同程度地染上了地方色彩。民俗地方性特征的形成是与各地区的自然资源、生产发展及社会风尚传统的独特性有关的。因此，从鸟瞰角度认识地方性，可以看到，大体上各地区形成的民俗事象，分别构成各种类型的同心圆，千千万万个民俗同心圆的分布与彼此交叉联系，便形成了若干有区分的民俗地域。像我国东北地区，几千年经济文化的影响，形成了一个大的同心圆，使它与我国华北、西北、西南、华东等地区有很大民俗差异。在这个大地域中又分布着许多小地域或更小地域的民俗同心圆，互有差异，直至最小的自然村落的差异为止。这种民俗特征标志着民俗事象依附于地方乡土的黏着性。

3. 传承性

传承性是民俗发展过程中显示出的具有运动规律性的特征。这个特征对民俗事象的存在和发展来说，应当说是一个主要特征，它具有普遍性。民俗的传承性在人类文化发展过程中，呈现出一种极大的不平衡状态。在文化发展条件充分的民族、地区，这种传承性往往处于活跃状态，也就是在继承发展中显示了这种传承性；相反，在文化发展条件不充分，甚至文化发展处于停滞、落后的民族、地区，这种传承性往往也处于休眠状态，也就是以它固有的因袭保守形式显示了这种传承性。因此，城镇风俗的继承发展较为明显，偏僻村寨风俗的因循守旧异常突出。在当代民俗调查中，传统节日在城镇风俗中远不如村寨风俗更具古朴色彩。这种不平衡状态在比较过程中，自然寻找出城市民俗与村落民俗的关系及其差异，因此，对传承性特征的认识只能在民俗的发展过程中去获得。

4. 变异性

变异性是在与传承性密切相联系、相适应的民俗发展过程中显示出的特征。它同时又与历史性、地方性特征有着千丝万缕的联系，标志着民俗事象在不同历史、不同地区的流传所出现的种种变化；换句话说，民俗的传承性，绝不可以理解为原封不动的代代照搬、各地照办、毫不走样，恰恰是随着历史的变迁、不同地区的传播，从内容到形式或多或少有些变化，有时甚至是剧烈的变化。因此，民俗的传承性与变异性是两个矛盾统一的特征，是民俗发展过程中的一对"连体儿"，只有传承基础上的变异和变异过程中的传承，绝没有只传承不变异或一味变革而没有传承的民俗事象。在长期的民俗学理论发展中，传承的特征被摆到主要位置是对的；但是，相对地忽视了变异的特征则是不对的。那些在民俗中访古、考古寻觅遗留物的做法是不可取的，对发展人类文化，推陈出新无大补益。只有既研究其继承，又关注其发展变化，才有助于人类社会的进步。

三、农村庄园型发展模式

（一）发展背景

农村庄园模式以产业化程度极高的优势农业产业为依托，通过拓展农业观光、休闲、度假和体验等功能，开发"农业+旅游"产品组合，带动农副产品加工、餐饮服务等相关产业发展，促使农业向第二、第三产业延伸，实现农业与旅游业的协同发展。农村庄园模式适用于农业产业规模效益显著的地区，以特色农业的大地景观、加工工艺和产品体验作为旅游吸引物，开发观光、休闲、体验等旅游产品，带动餐饮、住宿、购物、娱乐等产业的延伸，产生强大的产业经济协同效益。

庄园是欧洲中世纪中叶出现的一种以家庭为单位生产经营农业的组织形式。它和传统农业的区别是专业性强、集约化生产、大规模作业。后来逐渐发展成一种家庭式的产业，并多与休闲旅游度假相结合。在我国改革开放后，特别是鼓励农业开发的法律法规出台一部分人先富起来之后，使庄园这种模式在我国开始有了生存的条件。庄园模式作为一种集约化经营管理，并且能够在短时间内聚集大量闲散资金用于农业开发的组织形式，若能规范管理和健康发展，则其的确能够成为一种迅速促进农业发展，同时带动旅游业、农产品加工业及其他行业发展的新的组织形式。

（二）主要特征

1. "农+非"的土地运作模式

农村庄园的开发，其占用的土地开发后根据功能可分为两大类，即非农业用地和农业用地。非农业用地一般为庄园的建设用地，住宿、服务等设施或休闲活动场所用地；农业用地则为庄园的农业生产用地、农业展示用地等。非农业用地的土地来源主要为本地区一些可利用的荒山荒坡、可开发的沙荒地，以及农村居民点集聚后原自然屯的节余村庄建设用地等。庄园投资者通过租赁农村集体所有的这类土地，获得开发和经营权，农村集体则利用这些租金进行农村公共服务设施的建设。农业用地则主要通过庄园投资者租赁农民的土地或农民以土地作为资金入股的方式进行运作获得。农民和庄园投资者在协商一致的基础上签订租赁合同或股份受益凭证，将农村土地的承包权和使用权进行分离，这是农村土地产权多元化的一种有效形式。

2. 多元化收益形式

农村庄园是劳动联合与资本联合的复合体，只要经营得当，农民和庄园投资者均可获得可观的收益，实现双赢。对农民而言，将土地租赁给庄园投资者可以获得租金，以土地入股可以获得分红，在庄园内进行服务工作可以得到固定的工资，参与管理农业生产还可以获得管理费用以及少量的农业收益。对庄园投资者而言，可以得到绝大部分的农业收益，以及由观光农业所带来的相关旅游收益，如旅游住宿、餐饮、娱乐活动、购物消费等。如果将土地分块转租给他人进行农业体验活动，如市民租种小块庄园农业用地，自己种植自己采摘等，还可以得到土地的租金。

3. 区位选择优越

庄园布点应该与外部交通有较好的联系，方便游客到达，但并不一定位于交通主干道的旁边，以减少过境交通对度假休闲的干扰，通常以距离大都市车程保持在 1~2 小时为宜。

4. 旅游设计合理

第一，游憩地规模大，综合服务功能强。大农场建立在大都市旅游圈的远郊旅游带，环境优良，乡村气息浓厚，是都市居民逃离强大都市压力生活，前往休闲度假放松心情的理想场所。第二，体现当地的文化气息。美国牧场体现了"西部牛仔"的文化；英国和俄罗斯的庄园体现了欧洲的庄园文化。第三，开展农业教育，建立农业解说系统。

四、景区依托型发展模式

（一）发展背景

成熟景区巨大的地核吸引力为区域旅游在资源和市场方面带来发展契机，周边的乡村地区借助这一优势，往往成为乡村旅游优先发展区。鉴于景区周边乡村发展旅游业时受景区影响较大，我们将此类旅游发展归类为景区依托型。景区周边乡村与景区本身存在千丝万缕的联系，在文脉、地脉以及社会经济等方面具有地域一致性，为乡村旅游发展提供了文化土壤。而乡村目睹了景区开发、发展历程，易形成较强的旅游服务意识，为旅游发展提供了相对较好的民众基础。同时，发展景区依托型乡村旅游既有乡村自身经济发展的主观需要，也有景区开放化、休闲化的客观需要。近年来，我国"黄金周"的景区拥堵现象充分暴露出封闭型景区的弊端，景区与周边区域配套发展成为必然趋势。

综上所述，景区依托型乡村旅游发展模式是在乡村自身发展需求和核心景区休闲化发展需求的共同推动下，景区周边乡村探索出来的旅游发展模式。风景名胜区优美的自然景观和厚重的历史层次，加上周边恬淡的田园风情，实现了乡村和景区的携手共赢，带动了区域的大旅游发展。

（二）主要特征

景区依托型乡村旅游指在成熟景区的边缘，以景区为核心，依托景区的客源和乡村特有的旅游资源发展起来的乡村旅游活动。

1. 区位优越，共享风景

景区依托型乡村旅游由于临近成熟景区的辐射圈，在地理区位上有显著优势，为乡村旅游发展提供了地域上的可能性。成熟景区拥有相对较好的交通条件，而乡村与景区构建起交通联系后，形成了良好的旅游通达性。而且文化、环境、旅游线路等区域上的一致性，也使乡村与景区之间更容易形成一体化发展。

2. 市场优越，客流集聚

乡村的农家菜、农家院等农家乐特色可以承担景区的部分服务接待功能，成为景区天然的后方配套旅游服务区。依托景区的人气和客流，乡村成为天然的游客集聚地，并在发展中逐渐拥有自己市场的顾客群，为乡村旅游开发提供市场前提。

3. 资源优越，互补发展

同区域旅游发展一个重要的内容就是"互助"和"求异"，乡村在生态风光和文化渊源上与初始景区具有一定的延续性，但是其主要方向是田园风、民俗情，又与景区的发展特色具有方向上的差异，因此，其发展是对景区旅游产品功能的有机补偿，与初始景区形成差异化互补发展的格局。

五、度假休闲型发展模式

（一）发展背景

休闲度假的乡村旅游在中国还是个新事物，也是一种新的社会生活方式，现在很受关注。目前我国已经到了休闲度假产业发展的一个关键点，所以，旅游行业也普遍关注休闲度假问题。最近几年召开的北京"休闲度假产业论坛"、厦门"中国度假酒店论坛"、广东"中国自驾车论坛"和"产权酒店发展论坛"，都首先反映了中国的休闲度假市场达到了一个临界点，其次反映了旅游行业对休闲度假市场都有充分的认识，都在积极研究和把握机遇。

（二）主要特征

1. 一地时间长

典型的是西欧、北欧的度假者，如到泰国的普吉岛，坐着飞机直接抵达，到了那儿在海滩上待一个星期，闲到无所事事的程度，这才叫真正的休闲，是非常典型的一种休闲方式。这种休闲方式在国内还没有普遍产生，只是少数人有这样的趋向。处于过渡阶段就意味着国内的休闲在一定意义上、一定时期之内，还是要和观光结合在一起的。

2. 散客和家庭式组织方式

现在休闲度假在方式上主要是散客和家庭式组织方式，而不是观光旅游的团队性组织方式，这对现有旅游企业的经营提出了更大的挑战。自驾旅游主要就是散客方式，环城市旅游度假带接待的游客中，家庭式也占了很大的比重，尤其是在双休日期间。

3. 复游率高

复游，就是我们所说的回头客。度假旅游有一个特点，客人认准了一个度假地，甚至一个度假酒店，其忠诚度就会非常高。

4. 指向集中

所谓指向集中是指客人的度假需求非常集中，不仅有对度假目的地选择的集中，还有对度假需求的指向集中。但我们现在很多度假村是度假村的外壳，城市酒店的内容，也就意味着现在的所谓度假村并不了解真正的度假需求，经营和实际的指向集中与这样一个度假与需求消费特点并不完全对应。一般来说，度假酒店的客房里是不会满铺地毯的，满铺地毯不适应客人需求，尤其是海滨的度假酒店，客人经常赤脚走路，脚上可能带着沙子，满铺地毯怎么处理呢？

5. 度假加观光

这是市场目前的一个比较独特的特点。市场还处于过渡时期，有些时候还必须研究度假加观光的方式。一般来讲，满足大周末的需求不存在这个问题，大周末基本上是度假加娱乐。可是要满足中假和长假的需求就要有一个适当的度假加观光的模式了，但是这个方式只能是过渡性的，从长远来看基本上是比较单一的度假趋向。

6. 文化需求

观光的客人成熟到一定程度会产生度假需求，度假的客人成熟到一定程度就一定会产生文化需求。他们不只是到森林度假区去呼吸新鲜空气，或者去温泉度假区洗个温泉，他也一定要求这个度假地有文化、有主题、有比较丰富的内涵。如果度假地的经营能够达到文化的层次，那么基本上就算到位了。

六、特色产业带动发展模式

（一）发展背景

近年来，随着人们生活水平的不断提高，旅游休闲成为人们消费的热点。农家乐也随旅游业兴起而呈现，它是以农民利用自家院落以及依傍的田园风光、自然景点，以绿色、环保、低廉的价格吸引市民前来吃、住、游、玩、购的旅游形式。它既是民俗旅游又是生态旅游，是农村经济与旅游经济的结合。生活在现代都市的人们最关心的是生态、环保、健康，在工作之余都会选择离开喧闹的市区到郊区，回归自然，体验一种淳朴、天然的生活情趣，这就决定了农家乐旅游不仅是市民追逐的一种时尚，也是一种朝阳产业。目前，人们对精神文化生活需求的范围进一步拓展，层次进一步提升，内容进一步凸显多样性、人性化、个性化特征。现代旅游业作为一种文化生活得到快速发展，并被赋予"文化经历、文化体验、文化传播、文化欣赏"等更为丰富的内涵，满足着人们心理和精神以及多方面自我发展的需求。在这样的大背景下，以"吃农家饭、住农家屋、干农家活、享农家乐"为特色的农家乐旅游得到了市场的广泛认同，引起了社会各界的极大重视和关注。成都市郫都区作为"农家乐乡村旅游"的发源地，不仅为游客提供了一种新型的休闲方式和消费空间，而且还作为一个特色产业让当地的农民走上了致富的道路。

（二）主要特征

突出"农"为基本的经营理念，包括农业、农民、农村，其中农民是经营的主体，农家活动是主要内容，乡村是大环境。只有充分利用"三农"资源发展以"农"字为核心的农家乐，才能使其具有"农"味的乡村旅游。

依托"家"为基本的经营单元，农家乐一般应以家庭为单位，利用自家的房屋、土地、产品、人员发展农家旅游。所以，农家乐应体现"家"的形态、"家"的融合、"家"的温馨、"家"的氛围。

提供"乐"为经营的根本目的，农家乐应为游客提供"乐"的产品，它不仅包括打牌、卡拉OK、唱歌等，还应包括采摘、垂钓、参与农事和节庆活动，还包括农耕文化、民俗风情的展示和欣赏，让游客乐在其中。

迎合大众的心理为经营目标，随着工业的大规模发展，城市雾霾严重，空气质量差，在紧张的工作之余，人们渴望乡村大自然的清新空气，而农家乐可以提供在城市里享受不到的惬意与放松，不需要背起行囊出远门，说走就能走，轻松易实现。

七、现代农业展示型发展模式

（一）发展背景

现代农村的乡村旅游是一个新概念。乡村旅游发源于100多年以前的欧洲，是工业化发展创造的需求；兴起于40年前，是工业化后期的普遍需求；鼎盛于现代，是后工业化时期的刚性需求。中国现在已经进入工业化中后期，所以中国人对乡村旅游的需求基本上可以界定为一种刚性需求。什么叫刚性？生活里不可缺少，这就是刚性的概念。我们现在大体上进入第二个阶段，城乡一体化，"谁化谁"？是城把乡"化掉"？还是乡把城"化掉"？如果绝对说这种一体化就不对。"看得见山，望得见水，记得住乡愁"，城市长大的孩子没有乡愁可言，所以首先有乡村才能培育乡愁，其次是城市来感受乡村，来激发乡愁。几十年的改革开放，工业化城市化，培育现代中国乡村旅游，但是我们和西方发达国家起点不同，基点不同。西方国家的乡村休闲搞得很发达，也很精致，但是从业者很多是城市里的年轻人，他们是要换一种活法，是为了生活，可是我们中国人搞乡村旅游首先是为了生存，这就是我们的基点和起点。回想我们以前搞的传统乡村旅游，单体规模小，对应市场难；基础设施不足，公共服务少；卫生条件差，产品供应不足；经营单一，同质化强；恶性竞争，质量不高。所以最终形成市场效果不佳。当然，因为乡村旅游建设成本低，而且农民的经营基本没有成本概念，收到手里就是利润，这也是乡村旅游的优势，可是如果这一系列的问题，我们不能有针对性地加以解决，恐怕就会演变成比较大的问题。乡村旅游是改善乡村贫困状态的重要抓手，起到促进调整农业经济结构、丰富农业功能、提高产品附加值、增加就业渠道、形成系列服务设施、推动农民观念转化、培育农村市场机制等的综合作用。

（二）主要特征

1. 城市化

经济发达地区总体已经进入工业化后期阶段，现在的主要问题是理念仍然是工业化中期发展理念，由此形成的情况表现为四个方面。第一，太急。还在强化经济增长率，社会心态也急躁。第二，太挤。人口过多且过度集中，建筑过密。第三，太忙。车流滚滚，人流匆匆。第四，太脏。高碳发展，空气污浊。从需求来看，城市一缺生态，二缺健康，三缺人文，四缺快乐。按照实际生活水平来说，现在比以前不知道高了多少倍，可是幸福指数并没有增长，快乐感觉也没有增加。这正是对乡村旅游的长期且持续增长的市场需求。但是市场不能笼统而论，要分层、分时、分地、分项。

2. 模糊化

城市化的发展产生一个模糊化的现象，一方面城市日益扩张，边界逐渐模糊，城区成为核心区，近郊区成为城区，远郊区纳入城市带或城市群，另一方面又形成城中村。这种边界的模糊就产生一些新的概念，如城际乡村、乡村小城、家园一体、休闲发展。美丽中国，美丽自然，美好心态，美好生活，我们需要不断地探讨中国特有的发展模式。

3. 便利化

交通格局决定旅游格局，第一个便利是乡村旅游的便利化，只要追求大交通顺畅就够了，小交通是特色，景观路、文化路、交通路，乡村的公路绝不能大路朝天，各走一边，那是用城市化的概念来看待乡村，这样的乡村旅游花了大把的钱，结果自己毁了自己。第二个便利不仅是乡村旅游，而且是一个生活格局的变化，所以就需要强化新热点，培育重点项目、优势项目、聚集项目。第三个便利就是智慧乡村旅游，需要网络覆盖，信息全面，市场联通，现在这一条在市场的力量之下正在迅速地变化和发展。

4. 新统筹化

一方面是农村，应当用景观的概念看待农村，不能一扫而光；用综合的理念经营农业，通过旅游提高土地利用率，提升农产品的附加值；用人才的观点发动农民，使农民也成为文化传承者，工艺美术师。另一方面是城市，要用抓旅游的理念抓城市，突出人本化和差异性；用抓饭店的理念抓景区，突出精品化和细致化；用抓生活的理念抓休闲，突出舒适性和体验性。这些年沟域、山域、水域、县的乡村旅游的发展开始兴起，这是从传统的小流域治理开始的，但是大家发现，光治理小流域不行，必须得培育产业。

八、旅游小城镇型发展模式

（一）发展背景

广义上来说，旅游小城镇是小城镇的一种类型，但不一定是建制镇。目前，学界对其还没有统一的学术定义，在各地的旅游开发实践中，得出的比较普遍的认识是：旅游小城镇是指依托具有开发价值的旅游资源，提供旅游服务与产品，以休闲产业、旅游业为支撑，拥有较大比例旅游人口的小城镇。它不是行政上的概念，而是一种景区、小镇、度假村相结合的"旅游景区"或"旅游综合体"。旅游小城镇对旅游产业来说，有利于转变旅游业发展思路，创新旅游业发展模式，完善城镇基础设施和旅游接待服务设施建设，构建旅游发展的新载体。

（二）主要特征

旅游小城镇不同于一般小城镇，具有自身鲜明的特征。从业态结构角度讲，旅游小城镇以旅游服务业、休闲产业为主导；从空间形态角度讲，旅游小城镇以休闲聚集为核心；从景观环境上讲，旅游小城镇本身就是一个文化气息浓郁、环境优美的景区；从旅游角度讲，旅游小城镇具备旅游十要素——食、住、行、游、购、娱、体、疗、学、悟；从文化角度讲，旅游小城镇是文化旅游的重要载体，城镇风貌及建筑景观体现了一定的文化主题；从城镇化角度讲，旅游小城镇围绕休闲旅游，延伸发展出常住人口及完善的城镇公共服务配套设施。

第二节 乡村旅游的规划

一、乡村旅游规划的特点及理念

（一）乡村旅游规划的特点

乡村旅游规划的特点主要体现为以下几方面：

1. 战略化

乡村旅游规划的编制关系到乡村旅游区未来的发展方向，是乡村地区经济发展中的一个重要环节。因此，乡村旅游规划站在战略的高度，协调好旅游规划区长远利益与眼前利益的关系，注重乡村旅游产业长期竞争力的培植与提升。

2. 寻求差异性

不断攀升的国民生产总值，不断丰富的人民物质生活，形成了旅游业发展和繁荣的大环境。城市居民希望摆脱高楼峡谷、水泥森林，缓解工作高负荷的压力，满足怀旧和对自然向往的需求，带动了乡村旅游的飞速发展。

3. 多元化

乡村旅游规划的多元化特征是由旅游规划的学科特征所决定的，主要表现在旅游规划编制组成员、旅游规划的技术方法和手段的多元化上。

4. 偏重休闲旅游

乡村旅游与休闲度假旅游具有类似的特点。注重休闲和娱乐、健康身心等需求，同时乡村旅游在很大程度上存在重复消费的特点。尤其是针对单位团体高端旅游，可以根据实际情况和客户需求量身定做产品。

5. 系统化

乡村旅游规划不是一项独立的工作，它与乡村旅游地经济社会发展的各个方面有着密切的联系，如旅游规划专家组与本地旅游业界和学术界的关系、乡村旅游区各利益相关者之间的关系等。因此，乡村旅游规划是以系统化的观点进行编制的。

（二）乡村旅游规划的理念

乡村旅游规划应遵循可持续发展思想、动态发展思想、社区参与思想、生态旅游思想这几个理念。

1. 可持续发展思想

在规划哲学理念上，可持续发展已经成为全世界的共识。在乡村旅游规划中，更应该倡导可持续发展思想，因为乡村环境和乡村文化本身的脆弱性特征，要求在可持续发展原则的指导下，有效地开展乡村旅游规划工作。基于乡村旅游资源开发的分散性、脆弱性及可持续发展本身对乡村旅游资源的合理开发及科学利用所具有的重要影响，近年来，国内外不少地区在发展自身的乡村旅游业时均十分重视可持续发展方式在其中的影响与运用，并为促进乡村旅游业的可持续发展做出了自己的贡献，如桂林阳朔。

2. 动态发展思想

乡村旅游规划动态发展的思想主要表现在两方面：第一，目标和内容的动态演进，乡村旅游规划是一种控制和管理系统，其发展目标和规划的内容要随着系统内资源、市场、区域和乡村条件的变化而做出相应的调整、改变；第二，乡村旅游规划具有一定的弹性，并且随着时间的推移而增大，当然，近期性的规划则应该具有一定的稳定性和可行性，而远期性的规划则更需要体现动态发展的思想。

3. 社区参与思想

社区参与乡村旅游发展是以乡村居民为中心的本质要求。世界旅游组织早在 1997 年就曾经明确提出将居民作为旅游业发展的关怀对象，并把居民参与当作旅游发展进程中的一项重要内容。社区居民作为乡村旅游业发展的主要利益群体，有权对旅游规划的制订与实施发表意见甚至直接参与决策。传统乡村旅游规划大多偏向考虑旅游市场需求、环境因素、社会宏观条件等方面内容，乡村居民的意见和利益在规划中不能被体现，乡村居民成为乡村旅游规划的边缘人，在没有任何双向交流的情况下被动接受政府的旅游规划。而社区居民参与乡村旅游规划，居民主动收集、提供资料，政府与居民直接交谈；居民主动，政府积极，双方参与程度高；多方和谐，多方支持，阻力小，效果好。印度尼西亚巴厘岛在制订旅游发展规划之初，专门邀请当地土著居民为旅游发展提出建议，旅游规划均参考当地居民合理意见，当地土著居民一直以主人翁的姿态参与旅游发展的全过程。

在乡村旅游规划中实施社区参与能够协调社区居民与当地政府、开发商、旅游者等之间的关系，实现各方的利益诉求，也有助于规划设计与当地环境、社区和文化协调一致的产品。同时，社区公众参与旅游规划有利于提高游客体验的真实性，使旅游者欣赏到原汁原味的自然生态和民俗文化。

4. 生态旅游思想

20 世纪末，全球范围内兴起了以保护人类自身生存环境为主题的绿色化浪潮。在此背景下，生态旅游作为"回归大自然"的"保护性旅游"概念应时而生。生态旅游修正了传统大众旅游对资源及环境的认识误区，其目的在于为传统旅游业的可持续发展寻找一条通道，进而成为促进生态、经济和社会的可持续发展的基本保障。生态旅游的兴起，是人们对自然环境的兴趣不断提高的结果，是人们的环境保护意识不断增强的结果。它是一种不以牺牲环境为代价，与自然环境相和谐的旅游，是以走近保护区、亲近大自然为主题的旅游。生态旅游是以大自然为舞台，以生态学思想为指导，以休闲、保健、求知、探索、保育为目标的一种可持续、可循环发展的旅游模式，它强调生态效益、经济效益和社会效益的统一，提倡旅游者的参与，是一种促进生态建设的健康型旅游活动。

二、乡村旅游规划基础分析

基础分析是规划编制中各项工作得以顺利开展的保障。科学、客观、翔实的基础资料整理和分析，能够为规划的后续工作打下坚实基础，是项目与产品能够落实到规划地区的关键。编制乡村旅游规划，第一步是对发展旅游的基础条件进行研究分析，包括规划地区的概况陈述、区位条件、发展条件、旅游资源调查、旅游市场调查以及旅游容量的分析。

（一）概况陈述

概况陈述就是对规划地区的基本情况和背景的介绍，包括对乡村旅游规划区所处的行政区域的经济、社会、人文、历史等多方面的综合考察，以及对当地旅游产业发展状况的全面把握。其主要依据是现有的资料，如通志、地方志、年鉴、政府工作报告、统计年报以及相关历史地理文化资料、地区总体规划、周边地区历史地理文化资料。资料的占有应该尽可能全面，准确可靠。

概况陈述的内容，主要有以下几个方面：

1. 自然地理情况，包括地理位置、气候特征、地形地貌、土壤性质、水文分布、植物种类和分布、动物种类和分布等。这些资料是确定资源开发、规划布局、功能分区、环境保护所必备的。

2. 人文历史情况，包括历史沿革、民俗风情、民族宗教、衣食住行、建筑源流、名人活动以及包括口头非物质民间文化在内的文学艺术等。一个地区的历史文化传统是它的文脉。挖掘当地的历史文化，详细陈述人文历史情况，是规划人文类旅游的依据。

3. 社会经济情况，包括人口变迁、民族分布、建置沿革、经济水平、产业结构等。

4. 旅游业发展现状，包括现有旅游业的产业规模、发展过程、产业特点、存在问题等。现状是发展的基础，只有深切掌握现状，才能从基础出发继续前行。

（二）区位条件分析

区位主要指旅游地的空间环境。区位分析是通过对旅游地社会经济条件的分析，明晰旅游目的地和旅游客源地的空间关系。区位条件是乡村旅游选址的最重要因素，它直接关系到乡村旅游区的兴衰。乡村旅游目的地竞争力的大小取决于其客源腹地，而客源市场的规模正是区位条件的表现。在新农村建设中，不是所有的乡村都能够发展旅游业，发展旅游业要求乡村要具备一定的区位优势和资源优势。

乡村旅游规划的区位分析，应该着重注意以下几个问题：

1. 乡村旅游地所在区域的宏观环境。开发一个村、镇、县的乡村旅游，不能就村、镇、县来谈村、镇、县，而要把它放在一个相对比较宽广的空间范围里来分析区位条件，包括整个区域的历史背景、经济发展水平、政治文化条件、交通通达情况，以及整个区域在国内外的知名度。区位分析，首先要分析宏观的整体环境。

一个旅游目的地良好的政治、经济和社会文化环境，会促进当地旅游业的快速发展；反之，若地方政府、政策不支持旅游业的发展，或当地的社会文化氛围较差，排斥外地人的进入，就会极大地阻碍旅游业的发展。而自然环境很大程度上就是乡村旅游资源禀赋的状况，显然拥有生态环保质量高、优美独特的自然环境条件，会提高目的地的吸引力。

2. 乡村旅游地在区域环境中的地位。宏观环境是乡村旅游的外部诱因，区位分析还要着重分析乡村旅游地在区域中的地位，包括地形特征、资源特点、产业特色，以及在区域中经济发达程度的排位，当地居民的社会人均收入、文化教育程度等。其中，根据各乡村旅游地资源的特点，通过制定乡村旅游特色业态的标准来鼓励发展特色产品形态，有助于乡村旅游的可持续发展。北京旅游行政部门针对这一发展趋势，前瞻性地制定了乡村旅游特色业态标准，对北京市乡村旅游实现产品差异化、错位经营发挥了重要的作用。

3. 乡村旅游地和中心城市、依托城市和城镇的关系。城镇是地区政治、经济、文化、交通的中心地和集散中心，不仅具有较高的知名度、较为完善的基础设施和服务设施，而且也往往是交通的枢纽，因此，城镇是乡村旅游的人流集散中心、基础保障基地。中心城市应该成为乡村旅游的窗口，城镇是乡村的后盾和保障，相互形成互动关系。进行区位分析时要十分重视该地区城市和城镇的旅游功能以及对乡村旅游的支撑和带动作用。

4. 乡村旅游地和交通干线的关系。交通是旅游发展的关键性因素，旅游者能否"进得来、出得去、散得开"，是旅游业能否发达兴旺的关键。一个乡村旅游地是否拥有便捷的区际交通网络、可进入性优劣程度，直接影响到乡村旅游的客源吸引范围，进而影响到乡村旅游的竞争力。在分析乡村旅游地和交通干线的关系时，应该分析大交通（外部交通）的种类、布局、网络化程度，小交通（内部交通）的种类、布局、密度、等级，大交通和小交通的衔接以及公交化程度。分析交通关系，不但要分析内外交通的现状（包括优势和瓶颈两方面），还应分析国家和地区交通发展对本地区旅游发展所带来的潜在的机遇或威胁。一般来说，区位与交通越优越的乡村旅游地对旅游者的亲近度也越高，并决定着一个旅游目的地旅游资源的相对价值、市场规模、旅游发展前景，进而影响其空间竞争力。

5. 乡村旅游地和相邻旅游区的资源比较。每一个地区在开发旅游产品时，都要突出自己的特质及与相邻地区的区别，乡村旅游也不例外。梳理本地区的旅游资源，为的是挖掘自身的个性，有意识地凸显与相邻地区的不同特质。不同地点的乡村旅游都突出自身的物质特性，就可以形成自己的特色，相互之间形成错位经营、联动经营。

（三）发展条件分析

发展旅游业必须具备一定的主客观条件。在编制乡村旅游规划时，应该对本地区发展乡村旅游的相关条件进行实事求是的分析。这种分析的方法，以 SWOT 的分析法最为常用。

1. 内部优势（Strength）分析

根据旅游产业的各项要素，客观地分析乡村旅游地自身在区位、资源、产业基础、市场、经济水平、政策保障等方面所具备的优势。这些优势应该足以保证旅游业的吸引力和正常运转。乡村旅游的发展应该建立在这些优势的基础之上，规划应对这些优势整合开发提出对策和提供依据。一般而言，乡村旅游的优势主要体现在乡村旅游产品的特色性，而且有最稳定的客源主体。就乡村旅游产品而言，其包括乡村景观资源和乡村意境以及乡村旅游吸引物体系。乡村旅游资源由表层部分和深层部分构成。能够被所有旅游者感知的包括乡村自然风景、动植物、农产品、村落风貌、村民农事活动、日常饮食起居、礼仪祭祀等器物层面的旅游资源是表层的乡村旅游资源；而只能被一部分人感知的诸如乡村景观的美学价值、环境生态价值、社会伦理价值、道德美学价值、历史文化价值和地方文化价值等是深层次的乡村旅游资源。由于乡村旅游的这些独特资源是其他传统旅游所不具有的，特别是乡村景观意境，更是乡村旅游所独有的。这些独特的旅游资源能够对目标群体产生强烈的吸引力，从而为我国的乡村旅游带来稳定的客源主体。

2. 内部劣势（weakness）分析

目前我国乡村旅游还处于发展初级阶段，存在很多问题。第一，定位不明，盲目跟风，缺乏模式创新。第二，脱离"乡村性"，呈现"飞地化"特点。第三，空间布局不合理，整体风貌不协调。第四，旅游内容不丰富，产品单一。目前多数乡村旅游产品还停留在"吃、购"方面，"游"的元素比较少。乡村旅游主要体现的是"农"的特色、"家"的体验、"乐"的感受，但目前许多乡村旅游项目在内容设计方面偏离了方向，导致乡村旅游景点内容千篇一律，游客对乡村旅游景点出现了"审美疲劳"。第五，人才匮乏。乡村旅游企业由于不在城区，因此，在引进高端人才方面存在先天不足；同时，一般服务人员由于来自周边农村，缺乏系统培训。因此，管理人才和服务人才匮乏成为目前乡村旅游企业亟须解决的问题。

3. 外部机遇（Opportunity）分析

外部机遇为旅游业发展提供大环境。内因是根据，外因是条件，但一个良好的外部机遇往往是发展旅游业成败的重要因素。

外部机遇包括国内外的整体宏观环境、国家的宏观经济形势和政策走向、国家和地区（省、市）的产业导向等对本地区旅游业发展可能产生的影响。这些因素可能并不属于旅游产业范围，但同样是编制乡村旅游规划的重要依据。

4. 外部风险（Threat）分析

旅游业是一个十分敏感的产业，政治经济、国际国内形势等都会对旅游业带来波动和影响，尤其对乡村旅游市场会产生相当大的影响。乡村旅游规划应对可能产生的风险做出客观预测，并为规避这些外部风险提供对策和提出依据。

（四）旅游资源调查分析

1. 旅游资源的调查

发展旅游业的驱动力，有"资源说"，有"市场说"。"资源说"认为资源是旅游业发展之本，有什么样的资源才能发展什么样的旅游；"市场说"认为市场才是旅游业发展的命脉，有市场才有旅游产业。其实，资源和市场同是旅游业发展的两个"车轮"，两者缺一不可。

旅游资源是指能够开发利用、对旅游者产生吸引力的各种物质的和非物质的事物，包括自然旅游资源、人文旅游资源和社会旅游资源，这是发展旅游业的依据。乡村旅游规划必须对本地区的旅游资源进行调查和分析，弄清楚可供利用开发的资源"家底"。

对旅游资源的调查，包括：全面系统查明各类可利用的自然旅游资源、人文旅游资源和社会旅游资源的数量、规模、类型、质量、分布、价值以及它们的组合；了解各类旅游资源的存在环境及开发现状；对历史上曾经存在过的各类旅游资源进行校对、核实，尽管这一部分资源也许已经不存在，但它们很可能通过复制、仿造、重建，而成为今天重要的旅游吸引物；调查邻近地区的相关旅游资源的分布，这是决定旅游产品开发，避免重复、撞车或进行错位经营、联动发展的依据。

旅游资源调查的方式：广泛收集现有的历史资料和现状资料，包括各种图文资料、数据、图纸；对现场进行实地勘察而取得第一手资料；进行走访、座谈，包括对相关部门的走访和对本地区老领导、老居民的访谈；在有条件的情况下，可通过各种科学仪器深入调查，如遥感、航拍、摄像、物探等。

2. 旅游资源的评价

在对本地区旅游资源了然于胸以后，要对资源进行梳理评价，包括对旅游资源的分类、评级。分类是评价的基础，对资源正确合理的分类有助于资源的整合利用。旅游资源所包含的面很广，自然资源、人文资源、社会资源，几乎涵盖了天、地、人各个方面，自然资源中又包括地表、水体、生物、气候、天象等，所以分类是一个很复杂的过程。

旅游资源的评价是在资源分类的基础上进行的。首先要评判旅游资源自身的固有价值，它带有很大的客观性，比如评价水体，水库的面积、容量、枯水季的平均水量以及水库岸边的绿化植被，可以通过具体的技术参数确定分值；又如植物品种、珍稀度、覆种面积等，可以用分值来衡量；一些人文类的资源，同样可以用打分来确定分值，比如老宅建筑，它的历史年代、保存完好度、单体或联体的数量、建筑内饰物的精美度等，都可以量化测定。关键是要制定一个评分标准，把各种指标量化，然后才可以区分层次等级。其次，要评价资源的吸引力，吸引力反映的是社会需求和社会认可度。这种评价带有相当大的主观性，更多的是定性评价，比如，植物的可观赏性，牵涉审美的问题，很可能因不同的人、不同的审美角度而得出不同的分值；又如衡量一项资源的开发价值，如水面、村落、建筑，往往也带有相当大的主观性；区内资源的比较排序也有相当大的弹性空间。所以，要尽可能选择客观的、可比的、能量化的评价因子。

通过建立评价体系或评价标准，对各项旅游资源评级打分，对本地区的旅游资源进行评价，并和国内、区内的资源进行比较，为确定如何开发旅游资源奠定坚实的基础。

3. 旅游资源的分析

对旅游资源的评价，侧重于通过存在于旅游资源内部的评价因子进行分析比较，但旅游资源的多样性、综合性、差异性，使得许多旅游资源不具有可比性，不能不依靠规划编制者的经验比较和主观评判。对旅游资源的主观分析永远是需要的，认为用技术指标可以完全取代主观认识是不切实际的。

旅游资源分析是对资源的可开发情况进行综合性的评价。这种分析评价主要集中在四个方面：一是资源质量分析，包括对资源的规模性、优美性、特殊性、科学性、人文性、组合性以及自然和人文的融合性等的分析；二是资源环境分析，不但包括对自然环境的环境容量、安全性、舒适性以及环境的脆弱程度等的分析，还包括对经济环境、社会环境、市场环境的分析；三是开发利用条件分析，包括对资源所处地理环境、距基地的距离、集聚离散程度、基础条件设施、交通可进入性以及开发的难易程度、建设条件等的分析；四是资源开发效益分析，包括对资源开发可能产生的经济效益、社会效益和环境效益的分析。

旅游资源的分析，也是旅游业发展的可行性分析之一。通过对资源的分析，确定旅游业发展的范围、布局、特点、重点，同时也为规划产品的开发提供依据。

（五）旅游市场调查分析

乡村旅游要争取和扩大客源，选择目标市场，制定和实施有效的旅游营销战略和策略，就要做好市场调查分析。这也是做好乡村旅游规划编制工作的重要环节。

1. 旅游市场调查的内容

旅游市场调查，就是从客观存在的市场实际出发，广泛收集所需信息，为旅游规划和旅游决策提供依据。为编制乡村旅游规划而进行的市场调查，主要有五个方面。

①乡村旅游市场现状，主要包括乡村旅游景区（点）、住宿、交通、配套服务设施的数量、类型、容量、经营情况，特别是它们在市场上的占有率。

②乡村旅游市场需求。调查应针对市场的现实需求和潜在需求两方面，包括游客人次、旅游者的人均消费、人均停留天数、旅游者的出游率和重游率等。

③乡村旅游市场环境。包括政治环境、经济环境、社会文化环境等。

④乡村旅游者及其旅游消费行为。包括旅游者类别、旅游者的地域分布、旅游者的旅游动机和旅游方式、旅游者的消费能力等。

⑤乡村旅游产品及其销售。包括乡村旅游产品的开发和更新、旅游产品的品牌影响和知名度、旅游产品的市场占有率、旅游产品的价格和销售、旅游者对旅游产品的评价以及旅游产品的组合等。

2. 旅游市场调查的方法

市场调查信息的获取，有些是规划编制者亲自从市场向旅游者专门收集的，有些则可以通过查阅现有档案、文件、资料获取，一般分别称为第一手资料和第二手资料。

编制乡村旅游规划所必需的重要资料，必须由规划编制者组织力量通过专项调研，亲自去收集第一手资料。获取第一手资料的方法，主要有问卷调查、访谈、现场考察。开展问卷调查，事先要根据需要了解的问题设计好问卷、确定调查对象。调查对象既要有普遍性，又要有代表性。问卷调查的关键是设计好问卷，所有问题要围绕调查主题，简洁明了，没有歧义，同时也应该注意文字洗练，不要过多耽误被调查者的时间。访谈可以是登门拜访，也可以是个别约谈，还可以是电话访谈，或者召开小型座谈会等。

访谈成功的关键是选择好访谈对象，要选择真正熟悉情况的同志作为访谈的对象。访谈时要善于把握过程，既要让访谈对象不受拘束，尽量自由发挥，又要围绕主题引导访谈过程不断深入。现场考察由规划编制者对感兴趣的目标、现象直接进行观察，或借助仪器进行观察，常用于调查游客的行为规律和市场的现状走势。

通过对第二手资料的分析，获取所必须了解的各项背景材料和数据。一些基本的数据都可以而且应该通过现有的档案、文件、资料取得，从这个途径获取信息，不但比较简捷，而且信息、数据也比较可靠。第二手资料的主要来源有：政府部门、行业协会、城乡调查队等专业调研机构发布的公报、年报、统计年鉴；政府工作报告、工作计划、专项材料等档案文件；管理部门和企业的档案；相关媒体刊发的资料和研究报告等。第二手资料可以尽量宽泛些，但要有相当的可信度和权威性。运用第二手资料，要有一个资料筛选、鉴别和验证的过程。

3. 旅游市场分析

通过市场调查获取的信息、资料、数据，应该经过整理、处理和综合分析，才可应用于编制乡村旅游规划。这种分析一般要注意以下两点：

第一，根据旅游市场的四大要素，即人口、购买力、旅游愿望和旅游权利，从消费者的需求角度，区分不同的旅游动机、旅游行为、购买特点等，把具有类似消费行为的旅游者划分为不同的层面。在乡村旅游规划中，要分析本地的旅游资源和旅游产品适合哪些层面的旅游者，从现状来看哪些旅游者来得最多，他们还需要些什么，自身的资源和产品组合可以做哪些调整，从而决定究竟是开展农业观光游还是"农家乐"或者农业高新技术园区等，并决定自己的市场方向。

乡村旅游主要是为了满足现代城市居民返璞归真、回归自然、对乡村好奇或怀旧等需求而发展起来的一种旅游形式。其客源市场主体为城市居民，根据年龄这一人文统计因素，又可将城市居民分为少年儿童、青年、中年、老年四个细分市场。

第二，根据所掌握的本地区旅游市场发展的过去和现在的信息资料以及旅游业发展的一般规律，用科学的调查统计方法来推测旅游市场发展的未来和趋势。

乡村旅游目标市场确定及市场规模预测，原则上存在因时因地的差别。一般来说，在目标市场的确定方面，除了特色旅游可能有特定的目标市场外，各地乡村旅游有比较多的共性；在市场规模的预测方面，它通常与当地及周围人口的文化素质及社会经济状况成正比，而与距离成反比。但是各地乡村旅游规模与特色差异以及开发时间的先后，决定了不同地区的乡村旅游市场各具特色，因此，依然要做认真的市场调查与分析。第一，当地居民的调查。乡村旅游发生在乡村，其资源依托地在乡村，旅游吸引物也以其乡村性为主，往往乡村居民淳朴的自然生活形态本身就是一道旅游风景线。所以，开发乡村旅游，进行乡村旅游市场调查，首先应该对当地乡村居民进行调查。对当地乡村居民进行旅游市场调查以面谈、电话等问询方式为主。问询法简单方便、灵活自由，可随机提出一些相应问题，对不清楚的可补充阐述；被调查者还可充分发表意见，相互启发，把调查问题引向深入，有利于获取较深入的有用信息。如可以请熟悉当地风俗、文化的居民面谈，请他们对乡村旅游人文景观的开发现状和市场情况提出一些意见或建议。用问询法调查，信息量大，回收率高，可信度高，是乡村旅游市场调查的常用方法。第二，外围乡镇的调查。对乡村旅游资源处于"养在深闺人未识"的乡村旅游区来说，其乡村旅游客源市场调查宜以当地乡村居民的调查为主，而对已开发、游客市场已初具规模或相当规模的旅游区来说，乡村旅游市场调查则可以针对旅游区外围游客进行市场调查，其基本对象是针对客源市场的游客，他们对旅游区景观、环境、基础设施、产品价格等印象的反馈对指导旅游区的下一步开发建设意义重大。第三，相关部门及周围城市居民调查。到当地相关部门和周围城市进行周围城市居民调查也是乡村旅游市场调查的有效途径之一。一方面，政府和相关部门能提供翔实的官方数据和资料；另一方面，政府和有关部门对乡村旅游市场的判断较敏锐、准确，对乡村旅游市场开发的意见或建议具有前瞻性、权威性和战略指导意义。开发乡村旅游需要林业局、水利局、环保局等提供的相关数据和资料；旅游区市场规模预测、旅游区旅游环境容量确定等也需要到相关部门收集资料；地方部门往往熟知可以推出的旅游产品、能吸引游客的地域范围、游客群体，以及客源市场规模。调查人员对这些资料的收集对旅游区开发建设意义重大。对地方相关部门的旅游市场调查一般以面谈访问为主，着重对旅游市场需求、旅游市场供给情况的调查，可以是个别谈话，也可以是开会集中征求意见，可信度高。对城市居民的调查可以从居民的旅游需求着手。

（六）旅游容量分析

乡村旅游容量的概念不能简单地理解为乡村旅游地在一定时间、一定空间范围内所能容纳的游客数量，乡村旅游地与风景名胜区、文化遗产地、主题公园等一般的旅游地不同，是乡村居民生产、生活的空间，在旅游容量的规划上，涉及的因素有很多。因此，乡村旅游容量是指在维持旅游地可持续发展和保证旅游活动吸引力的前提下，所能接受的旅游活动量，应包括供需这两个方面的内涵。从乡村旅游地可持续发展的角度来说：第一，乡村旅游容量是旅游地区域范围内原居民所能接受的旅游活动量，影响居民可接受程度的因素包括原居民的文化水平、宗教信仰、生活方式、经济水平等；第二，乡村旅游容量是在保持乡村旅游资源质量的前提下，一定时间内旅游资源所能容纳的旅游活动量；第三，乡村旅游容量是一定时间内，在旅游地区域范围内的生态系统所能承受的旅游活动量，也就是说，旅游活动不会导致生态系统的退化。从乡村旅游地旅游吸引力的角度来说，乡村旅游容量是在保证旅游者基本旅游舒适度，不降低旅游活动质量，不破坏游兴的范围内，旅游区域所能容纳的旅游活动量。

所以说，合理测算并控制景区景点的容量，确保旅游业的可持续发展，已经成为编制旅游规划的一项重要任务。在编制乡村旅游规划时，通常有以下几个指标经常被关注。

1. 旅游资源容量。即在保持资源质量的前提下旅游资源空间规模可以承载的旅游活动量的综合上限。

2. 旅游生态容量。通常指在一定时间内一定旅游地域所能承载的旅游活动量。

一般情况下，旅游活动产生的污染物数量会超过生态系统自然净化的能力，所以旅游区都要对旅游污染物进行人工处理。于是，实际上的旅游生态容量都会超出常规测定的旅游生态容量。

3. 旅游地域社会容量。旅游地域社会容量主要指旅游接待地的社会环境，包括人口构成、宗教信仰、民族风情、风俗习惯等影响当地居民容纳接受外来旅游者的因素所能容忍的旅游者数量的极限。

4. 旅游经济发展容量。旅游业的发展需要一定的经济基础作为支撑，如要求基础设施、配套服务设施、交通服务设施、人力资源甚至副食品补给能力等都能相应跟上。旅游经济发展容量就是指旅游接待地的经济发展水平所能接纳的旅游活动量。其中最直接、最敏感的因素，是食宿供给条件和娱乐购物的设施条件，以旅游日容量为例，它就与旅游区的供应能力和住宿设施密切相关。

在测定经济发展容量时，还要充分考虑到旅游业发展的淡旺季节不平衡而造成对设施设备和物资供应的悬殊需求。此外，乡村旅游中常见的"农家乐"活动，无论在副食品供应还是住宿设施供应方面，都有一个就地消化的隐性因素，乡村旅游规划中测定容量时应该给予相应的足够的估计。

三、乡村旅游规划的编制程序梳理

旅游规划是一个循环系统，是一个预测—实施—出现偏差—矫正偏差—再预测—实施—出现偏差—纠正偏差……一种不断修正提高的过程，每个循环中通常包括以下几个阶段：准备、确立目标、可行性分析、制订方案、方案的评价与比较选择、实施、监控反馈和调整策略。在制订乡村旅游规划时，依此基本步骤与方法进行。

（一）乡村旅游规划的编制技术路线

乡村旅游规划作为旅游规划的一种特殊类型，必须遵循旅游规划的一般技术路线。规划技术路线是规划过程中所要遵循的一定逻辑关系，其中包含了规划的主要内容和制订规划的基本步骤。

需要指出的是，规划受到当地社会经济发展水平、政府部门结构、行政级别等因素的影响，特定地方的规划可以跨越其中的某些步骤。

（二）乡村旅游规划编制的流程

根据旅游规划的一般性要求以及对乡村旅游规划的实际需要，乡村旅游规划的程序一般分为以下几个阶段：

1. 评估立项

编制乡村旅游规划，首先要对本地区要不要发展旅游、能不能发展旅游有一个基本的认识。只有具备发展旅游的必要性和可能性，才需要编制旅游规划。而发展旅游与否的认识，来自对本地区的旅游资源和市场做出基本估计以及对发展旅游业的积极影响和消极影响的基本判断。这个工作一般由当地政府主管部门完成。明确了发展旅游业的基本方向，就可以进行立项，物色、确认规划编制单位。目前，规划编制单位往往是通过招标来确定的。

2. 准备工作

编制单位接受委托着手编制规划以前，必须做好充分的准备。

（1）确定目标

这是编制规划的第一步工作。应根据立项要求，明确本规划的性质、类型、范围以及具体任务。只有明确了规划目标，才能有针对性地组建规划编制班子，制定具体的工作细则。

（2）组织队伍

根据规划的内容，组织相应的规划编制组队伍。不同的旅游规划，由于规划的目的不同，涉及的地域不同，编制的内容也不同，应根据不同的规划要求聚集不同学科等的专业人士组成规划编制组。

（3）准备资料

包括基础资料和专业资料两部分。基础资料的具体内容，主要有区划政区资料、地理地质资料、气象资料、水文资料、动植物生态资料、历史人文资料、社会文化资料、经济统计资料等。专业资料包括国内外宏观形势分析、发展动态和预测、相关课题研究、国内外的案例等，这些资料主要由规划编制组收集准备。

（4）编制工作计划

工作计划不但应对规划的目标、成果、完成期限提出明确的规定，而且应对阶段目标、操作方法和技术路线都有具体的描述，以保证整体运作有条不紊。

3. 调研分析

调研分析的工作主要包括以下几方面：

①乡村旅游地总体现状分析，如乡村旅游地自然地理概况、社会经济发展总体状况、旅游业发展状况等。

②乡村旅游资源普查与评价，可以利用国家颁布的旅游资源分类与评价标准对乡村旅游资源进行科学、合理的分类，并做出定性和定量评价，将人们对乡村旅游资源的主观认识定量化，使其具有可比性。

③客源市场分析，通过调研客源市场，详细分析客源流向、兴趣爱好等因素，为市场细分和确定目标市场打好基础。

④乡村旅游发展 SWOT 分析，在以上三个方面科学分析的基础上，对当地发展乡村旅游进行全面的综合考察，找出发展乡村旅游的优势和机遇，并摸清存在的劣势和面临的威胁。

4. 定性定位

定性定位，即确定总体思路。通过以上分析乡村旅游发展的背景和现状，剖析乡村旅游与乡村地区横向产业之间（尤其是农业）和纵向行业之间的关系，诊断其发展中存在的问题，再联系国家和地区有关旅游业发展的政策法规，最终确定乡村旅游发展的总体思路，包括乡村旅游战略定位、发展方向定位，并确定总体发展目标。

5. 规划设计

这一阶段是乡村旅游规划工作的主体部分，是构建乡村旅游规划内容体系的核心，主要工作就是根据前几个阶段调查和分析到的结果，并根据发展乡村旅游的总体思路，提出乡村旅游发展的具体措施，包括乡村旅游产业发展规划和乡村旅游开发建设规划，此外还有乡村旅游支持保障体系方面的建设。需要注意的是，在制订详细规划内容时，必须考虑规划区域的乡村社区建设和社区居民的切身利益。

根据定性定位进行具体的规划设计，主要包括以下几方面：

（1）结构布局

根据规划的目标任务，依据规划区的资源和社会经济现状特点，从旅游业发展的功能要求出发，进行结构布局。结构布局的要求是突出主体形象，集聚单元功能，协调各部分关系，以确保实现规划所提出的目标。

（2）单项规划

作为一部完整的规划，应该对产品体系、支持体系和保障体系分别做出规划。产品体系是旅游规划的主体结构，包括旅游吸引物、旅游接待、旅游线路、旅游营销等方面的规划；支持体系是通过对社会经济体系各项基础设施、服务设施的协调和规划，使旅游体系合理运行；保障体系包括对管理体制、环境保育、文化保护、容量核算等方面进行规划。

（3）项目设计

这是对旅游产品体系中吸引物规划的细化和强化，使整个规划更具可操作性。

结构布局和单项规划是对规划总体思路和定位的分解和落实。规划的总体思路和目标定位确定了旅游发展的方向，并通过结构布局和各个具体项目的设计得以体现和落实。

6. 评审优化

规划方案毕竟是规划编制小组提出来的，应当进一步集思广益，以优化规划。优化的途径主要有以下几种：

（1）方案比选

对于一些比较重大的课题或项目，可以提出两个以上方案，吸收各方面意见进行比选，这是一个相对简单可行的方法。

（2）专家咨询和职能部门反馈

在规划过程中应该不止一次地听取专家咨询和职能部门的意见，这些咨询往往是事先的、局部的，个人色彩较浓。在方案整体完成以后，应再次征询专家和职能部门的意见，让专家和职能部门针对规划组的思路和成果提出咨询，这种咨询的针对性将会非常强，对规划方案的优化效果也更明显。

（3）社会评议

我国编制规划大多走专家路线，从国内外一些地方的经验来看，重大项目的规划进行公示，鼓励公众参与，接受社会评议，是完善、优化规划的有效措施。

（4）评审

规划委托方组织的专家审议或政府有关部门的审查，也是优化规划的重要环节。评审本身包括评议和审查两个方面，是对规划从形式到内容的全面检查。通过评审专家的评审，落实评审专家的评审意见，是对规划的一次集中优化。

乡村旅游规划最终是要付诸实施的，在实施过程中可能还会发现一些新情况、新问题，而且时势也在不断地变化，所以每过一段时间还要对规划进行修编。

7. 组织实施

依据乡村旅游规划方案和实施细则，结合乡村地区实际发展情况，精心组织、落实和具体实施乡村旅游规划的项目、内容和任务。要根据经济、社会、环境效益情况，对规划实施的效果进行综合评价，并及时做好信息反馈，以便对规划内容进行适时的补充、调整和提升。

第三章 乡村旅游发展保障

第一节 乡村旅游招商引资与人力资源管理

一、乡村旅游招商引资管理

（一）农户自主投资

农户自主投资是指农民个体或集体直接或间接地参与乡村旅游的生产和经营活动，并由此取得相应的收益。《国务院关于投资体制改革的决定》（以下简称《决定》）明确规定了各主体的自主投资地位，实施"谁投资、谁决策、谁收益、谁承担风险"的原则，自主投资政策的实施，极大地带动了乡村旅游自主投资的发展。以农民个人或家庭为单位，开办农家旅馆、餐馆，出售农副产品、手工艺品和旅游小商品，具有投资少、经营灵活，农业生产与旅游服务可以兼顾的特点，是农民开发旅游的行之有效的方式。随着资本的积累和经营的改善，有些个体旅游经营户不断发展壮大，成为优秀的旅游企业经营者。

（二）政府主导投资

乡村旅游的发展资金来源渠道虽然具有多样化的特征，但在资金来源总量中，当前国家投资扶持仍然是最主要的来源渠道。我国乡村旅游起步较晚，尚处在初期阶段，存在许多矛盾和问题，如旅游设施的完善、经营管理的规范、市场秩序的维护、行业标准的确立等，这些工作必须由政府来支持和推动，离开了政府的主导，乡村旅游发展必然是矛盾重重，举步维艰。

政府的旅游投资主要是为了满足整个社会旅游发展的需要。由于我国的乡村旅游还处于初级阶段，还有很多的旅游基础设施需要完善，而这些设施的建设需要数额巨大的投资，在当前形势下，政府的旅游投资起着非常重要的作用，但是随着我国改革开放政策的不断深化，政府在乡村旅游投资中主要发挥引导和指导作用，国内的公司企业和外资在我国乡村旅游投资中将逐步扮演主要角色，起主导作用。

（三）外来投资

有实力的旅游企业（旅行社、饭店）与具有一定旅游资源的乡村合作，共同开发旅游景点。这种方式把城市旅游企业的资金、市场和经营管理人才与乡村中的景观资源、人力资源和物产资源结合起来，适合开发中型或大型旅游景区和度假村，是城乡结合、旅游支农的一种新形式。

旅游企业与本地农牧民合作成功与否的关键是利益分割问题。由于旅游企业是直接从事旅游产品生产和供应的基本单位，因而旅游投资的目的是根据旅游市场供求状况和旅游消费特点，选择旅游投资项目并投入一定的资金，以获取应有的经济效益。一般来说，外来企业往往把最大限度地赢利放在首位，而当地农、牧民又往往看重自身的眼前利益。处理好外来企业与当地农、牧民的双方利益，包括双方的长远利益与眼前利益的关系，是调动双方积极性，实现"双赢"、长期合作的关键。由于旅游经营与分配的决策权在于外来企业，因此在这方面，外来企业处于主导地位。

（四）合作经营

合作经营是指由多个投资主体共同对某一旅游项目进行投资的形式，可以是多个企业联合投资，也可以是企业和个人合作投资。以乡、村为单位，或若干家庭和个人自愿集资、出劳力，组成产权明确、资产、责任与利益相关联的联合开发、自主经营的旅游景区和企业，乡、村的历史文化资源可以成为集体的资产，这种体制的开发经营资金较丰厚、人力资源较丰富。股份合作制是一种具有集体所有制性质的企业形式，实现了资金、人力和智力的结合，具有一定的规模和实力，是引导农民共同致富的有效形式。

二、乡村旅游的人力资源管理

旅游是一项服务性行业，强调的是人与人之间面对面的服务。因此，发展旅游最关键的是人才，一切问题的核心是人的问题，一切竞争的核心是人才的竞争。

（一）乡村旅游人才培养的途径与方法

1. 加强政府引导

紧抓机遇、乘势而上，把发展乡村旅游作为推进全域旅游的重要路径、建设三大板块的重要内容、促进乡村振兴的重要抓手，以全域旅游为契机，以文旅融合为路径，以项目建设为抓手，加强乡村旅游策划包装开发，健全乡村旅游公共服务体系，着力打造乡村旅游全产业链，培育乡村旅游品牌，以乡村旅游大发展助力乡村振兴和高质量转型发展。

乡村旅游人才的培养需要政府的引导和支持。对乡村旅游人才的培养，政府要高度重视，制定相关的人才政策，并将其纳入各级旅游总体开发的规划中，在政策、经济和技术上给予长期的支持。由政府出面，通过各种渠道组织培训是一条有效的乡村旅游人才培养方式，这有利于提高农民们对培训作用的认识，从而调动农民参与培训的积极性。

2. 加强乡村旅游人才的教育培训

对乡村旅游人才的教育培训，主要包括以下三方面内容：

第一，旅游人才的培养是各个方面共同努力的结果，其中包括政府、企业、社会和旅游发展部门。各个部门都要根据实际情况制订出具体的人才培养计划和规划，实现各个部门之间的对口衔接，共同进行人才培养。乡村当地要重点依赖其所隶属的县市的高校和旅游培训中心，通过正规的专业教育培养专业的旅游管理人才。对这些专业的旅游培训机构的课程也要进行适当的改革，尽量使课程符合乡村旅游发展的需要，尽量多开设市场营销和乡土文化等课程。

第二，旅游培训要具有乡村旅游的特色，对乡村旅游业的人力资源培养来讲，要坚持"以人为本"原则，这个以人为本中的人指的是顾客，也就是乡村旅游之所以吸引人就在于其具有浓厚的乡土气息及原生态的文化和环境。因此，对乡村旅游的人力资源的培养不能按照传统的名胜古迹旅游的培养方式，而是要加入传统的文化培养和工艺培养。对许多少数民族聚居的乡村来讲，要发展旅游业还需要具有许多懂得民族文化和传统技艺的艺人，因此要根据各个村庄的不同特点和特色进行具体的培训活动。

第三，开展全民的旅游教育。乡村中非从事旅游行业的村民具有两种角色。首先，他们是乡村旅游的客观主体，时时刻刻都会影响到旅客的旅游情绪和旅游感觉。其次，他们是潜在的旅游行业从业人员，因为他们经常会和旅客打交道，具有许多潜在的商机。因此，从以上两点来看，对全体村民的旅游文化教育是至关重要的。这样就需要当地的政府和企业联手加强对全体村民的旅游思想进行培训。这个培训应包括三方面：首先是通过讲解和分析，使得全体村民了解到旅游业对其生活和发展具有重大的作用；其次是讲解旅游心理学，使村民掌握与旅客打交道的方法，提高文化水平；再次是讲解专业技术，使村民通过技术的提升和思维的转变，由原来的非乡村旅游业从业人员转变成乡村旅游业的从业人员。

3. 加强旅游人才的引进

对于专业乡村旅游人才的引进，应该发挥政府、企业和市场三者的力量，共同努力。

第一，政府与企业联手引进人才。我国乡村旅游业人力资源短缺除了乡村中缺少合适的人才，要进行培训之外，还要加强从其他城市和地区引进专业对口的旅游人才。这些人才的引进离不开政府的干预和企业的努力。政府应该将旅游人力资源开发纳入县乡政府的绩效考核，对各级行政机构设置每年引进旅游人才的数量和指标，对完成指标的单位给予奖励，否则给予惩罚和处分，倒逼各级政府具有一种压力感，促使各级领导干部重点搞好旅游人力资源引进工作。同时也要对干部本身具有一定的约束，对于没有完成年初额定引进旅游人才指标的干部，要在其评优和提拔上有所体现，这样才会形成一种激励机制，促进人才的引进和引进经费的到位。对于人才的引进，除了政府和行政部门要出力之外，各个企业也要积极宣传本地区的乡村旅游，争取吸引更多的有识之士加入乡村旅游行列，同时，企业要给予更高的报酬，政府要给以更多的优惠条件，使得人才感到安心和放心。

第二，引入人才市场机制。人才的引进除了政府和企业要发挥作用之外，还要利用市场的力量。人力资源市场与传统的市场概念不同，包括制度和技术两个层面的内容。从制度层面看，政府和企业要共同制定旅游人才的选拔、培养、吸引、表彰、使用和管理等环节的政策措施，在更大范围内、更深程度上、更宽领域里合力推进旅游人才资源开发工作，使旅游人才资源开发工作有章可循、有规可依。制度建设要围绕强化服务功能和拓展开发领域两个方面来展开，力争达到扩张旅游人才数量、提高旅游人才素质和发挥旅游人才作用三个方面的效果。在技术上，要加快旅游人力资源供求信息网络枢纽和高级旅游人才数据库建设，形成机制健全、信息灵敏、运行规范、服务周到、指导监督有力的旅游人力资源市场体系。

（二）旅游专业育才模式的转型和实施

1. 旅游育才模式的转型是省情、国情的迫切需求

①旅游业肩负着跨越发展、文化强省、增加就业、美化生活、拉动经济、推动新农村建设等多项重任。同样也遇到人才瓶颈、发展缓慢、管理落后。在综改试验中，省委、省政府将旅游业定位优先发展产业，寄予厚望。因此，旅游专业教育部分，及时提供足量、高质的人才需求就成为义不容辞的职责。所以，育才模式的破旧立新势在必行。否则必会贻误机遇，拖延综改，辜负人民的重托和期盼。

②旅游专业育才新模式提升生活品质。由于资源的硬约束、生存环境的恶化，传统的以消耗自然资源为主的加工产业退化成夕阳产业，代之以高智力、低消耗的新兴产业和服务业。在这一机缘下，借助知识经济和信息科技的双重推动，旅游经济的大发展已经是一种必然。知识经济和世界一体化这些当代基本特征，带来的是超高速和快节奏，但也越来越暴露出巨大的负面效应。首先，生活节奏显著加快，职场压力越来越大，而适当旅游，为民首选。黄金周的高速拥堵、景点爆满充分说明公众喜爱以旅游的方式排解压力。旅游

对个体既可以开阔眼界、增长知识，又可以缓解压力、舒畅身心、创建文明、健康、和谐的生活；对社会可增收增税、扩大就业。

2. 旅游专业育才新模式的优越性

旅游专业育才新模式只有在理论和实践都成熟的基础上才能创建起来。教育理论研究指出：教育包括基本规则教育和基本能力教育两部分，职业教育属于基本能力教育。因此，能力教育是职业教育的主要矛盾，这就为有效地规划教育资源、教育技术、教育过程、确定育人质量标准提供了基本依据，为高速、高质育才奠定了前提。

①新模式的科学表述。为便于准确贯彻新模式，必须对其含义给以科学完整表述。旅游专业育才新模式应该是：以从业基本能力教育为纲，遵循实践优先、资源优化原则，保证教育过程完整、保证育才质量、保证高效低本。简单地说就是"一纲二优三保"。

一纲是指在教学过程中，每一环节都必须以训教基本从业能力为纲，教材内容、实习深浅、宽窄、学业考核、论文答辩都要贯彻这一方针。

二优体现在两个方面。首先，要落实实践优先的原则。职业教育的从业方向、从业岗位都已基本明确，成才的标志十分清楚：一是要有竞岗能力；二是要有任岗资质。在实岗服务过程中，面对具体环境、不同人群，实际服务技巧会变化无穷。这种应对能力不是课堂能教出来的，必须在岗位中实践，只有注意察言观色、揣摩心理、巧妙运用制度、精准语言表达，通过长期实练、积累经验，才能练出岗位能力。其次，要优化资源，包括教师团队、教材资源、教学技术、学制长短等诸多方面，通过优化实现精化。

三保是出于又好又快的要求提出的，人才培养不能忽略育才效益。新模式就是要在限定费用、限定时间，培养出既定质量的人才。只有强调育才效益，职业教育才有生命力，才能更加有效地为经济服务、为综合转型服务。

②新模式育才的显著优势。新模式与传统模式相比，有四方面的优势。第一，更适应经济转型需要。第二，保证人才培养质量。通过"二优"，实现以最优的团队、最优的资源、最优的技术、最完整的环节、最严格的实践要求育人。第三，更有利于人才培养数量需要，以便实现快速成才，及时满足经济和社会发展需求。要优化教材资源、优化教学技术、优化教师团队；另外，还要推行学分制等。第四，适应成本最低需要。育才成本低，学费就可降低，生源即可扩大，学校也会快速发展。

③新模式的充分可行性。旅游专业育才新模式是在舞蹈成功模式基础上，针对旅游专业特点调整而成的，其可行性可从三方面分析说明。

第一，两者专业具有类通性。舞蹈和旅游两个专业同属服务类，产品本质是提供精神享受和心理愉悦，都有"取悦用户"的共同要求。所以两者服务本质相同，只是手段、形式、资源等外在不同而已。

第二，两者同属职业教育范畴，具有基本相似的教育原理、教学范围和层次。两者都必须贯彻实践优先、经由教育、训练、实践、推广、市场等完整产业链，以利将文化形式的教育行为，转化成收获各种效益的产业行为。

第三，两者面对多变市场、多变需求，对人才质量有着相似要求，培养的核心方法也多有共性。

当然，舞蹈与旅游毕竟不属一个专业，因此不能简单照搬相关理论，必须加以有效扬弃，才能确保旅游专业育才新模式的可行性。

3. 旅游专业育才新模式转型的实施

①转型条件。转型不可盲目，需要具备一定的内外条件。具体条件应分为外部条件和内部条件。

外部条件：一是驻地经济发展到一定水平，对人才出现强烈需求；二是驻地政府已将旅游业发展纳入了产业规划，须制定相应发展目标，出台一系列行之有效的促进旅游业发展的有利政策；三是驻地旅游业已有一定规模，新的投资正大量涌入；四是政府已将旅游专业教育，看成产业发展的先决条件，应该加大资源投入，提升助学幅度，唯有如此，旅游教育资源、旅游教育产业链才能充分利用；五是驻地内部相当一部分旅游企业应该认识到，经营发展离不开专业教育，从行动上主动联手共融，创建校企合作基地。

内部条件：一是院方要有前瞻的指导思想，立意通过改革创新谋求发展；二是学院内部需要统一政令，做到协调配合；三是学院内部各项工作中都应有一定的骨干人才，配合旅游专业整体起步；四是学院应具备一定的资源条件支持利用系统，组建产—学—研协作链；五是选定实习导师（业务能手或非物质文化遗产传承人），指导岗位服务或工艺制作，传授技艺，确保实习成效。

②转型策略。一是提升教师业务素质，特别是实务水平，在此基础上组建育才团队；二是优化教、辅材料，划定能力重点，课时调整，增加实践课时比重；三是在学校局域网上，建立专业网页，制作课件，开展网上自学，师生共建资源、共同研讨、案例分析、发表心得；四是改革教学方法，提高课堂教学效果。

③转型成效评估。转型是否达到预期应通过评估来认定，转型最主要的效果应体现在育人素质中，要建立评估组（如校方、专业、用人方、同岗实习者、实习教师等多方面代表参加）；要有科学系统的评估方法（制定评估表格）；要有完整的评估资料（包括岗位记录、用户来信、用人方鉴定、协作方反映、自我总结）等。

④转型持续化。转型只有持续才有实际意义。要保证持续就要根据已取得的成效，建

立其相应的巩固制度，必须循序渐进。在动态过程中，逐步推进，全面涵盖。

育才新模式转型的实施是一项复杂的系统工程，需要多方面地认真研讨筹划，并在教学中加以实施。旅游育才新模式既不是空穴来风也不是闭门造车，其不但有理论依据还有成功范例。

（三）乡村旅游人才服务礼仪培养

礼仪是人们在交往过程中体现出来的彼此互相尊重的意愿，是与人交往的程序、方式以及实施交往行为时的外在表象方面的规范，包括语言、仪容、仪态、风度等。高质量的乡村旅游服务对促进乡村旅游的发展无疑具有积极的作用，乡村旅游良好的发展能够进一步带动乡村旅游文化的发展，可见，发展高质量的乡村旅游服务礼仪是极为重要的。

1. 礼仪的作用

乡村旅游服务质量好坏，不仅取决于接待客户的规模、设施和设备等硬件，更重要的是取决于接待水平的高低。而服务水平不仅要具备精湛的业务技能技巧，更重要的是服务员要礼貌服务。因此，学习和应用礼仪，礼貌地对待游客，对乡村旅游人员是至关重要的。

第一，礼仪有助于塑造个人及企业形象。

乡村旅游服务除了要求有良好的设施设备和娴熟的服务技能技巧以外，还必须做到礼仪服务。因此，乡村旅游服务人员除了要有良好的职业道德、丰富的业务知识、熟练的服务技能和健康的体魄外，还必须具备讲究礼仪礼貌的基本素质。礼貌服务可以使游客心情愉快，有助于塑造个人及企业良好的形象，使游客产生好印象。游客满意是最好的宣传，这样一传十、十传百，乡村旅游的知名度便会大大提高，"回头客"也会越来越多，企业的经济效益就会越来越好。可见，乡村旅游服务中讲究礼仪礼貌是多么重要，它与本企业的经济效益直接联系在一起。好的服务质量主要体现在服务态度、服务方式、个人卫生、语言动作等方面，这些方面都离不开礼仪礼貌。

第二，礼仪有助于提高旅游服务人员的自身修养。

礼仪修养并不是每个人天生具备的。在社交场合和服务接待工作岗位上，有的服务员待人接物彬彬有礼、诚恳自然，但有的服务员却态度生硬或矫揉造作，总让人感觉别扭，服务员在自己毫无察觉时已失礼于人。由此可见，有的人礼仪修养好，有的人礼仪修养不够好，甚至有的人根本缺乏礼仪修养。乡村旅游人员需要培养自身的礼仪修养，没有良好的礼仪修养就无法做到真正的礼貌待人和礼仪服务。

礼仪服务并不是表面文章，而是要通过礼仪行为来表现对别人的尊重，对他人的诚意。礼仪行为应该是发自内心的、真诚的、表里如一的。总之，有了这种基本的态度，一切就都好办了。如果把礼仪礼貌只看成一种形式，内心并没有真正认识到敬人的重要，那就无法真正做到礼貌待人。因此，一个人是否礼貌待人是与他的礼仪修养密切相关的。有些人待人有礼貌，落落大方、谈吐不凡、博学多才，说明这个人礼仪修养好；而有的人胸无点墨，孤陋寡闻，缺乏礼仪修养，那么他就是表面上讲礼貌，也是简单机械的模仿，甚至漏洞百出，令人耻笑。因此，没有良好的修养是无法做到礼仪服务的。

第三，礼仪有助于增进旅游服务者与旅游者之间的相互了解与沟通。

一方面，合适的礼仪可以满足游客的心理需要。游客来到乡村旅游，希望得到各方面的尊重。乡村旅游人员讲究礼仪礼貌，可以使游客心理上、精神上的需要得到满足。当游客多方面得到满足后，就会对乡村旅游产生好感，从而激发进一步了解与沟通的欲望。另一方面，学礼仪，还可以帮助服务人员正确处理与游客的关系，始终一视同仁、不卑不亢、落落大方、有礼有节。双方在彼此热情融洽的相处下，了解与沟通也会进一步加深。

2. 礼仪的原则

人们在应用礼仪时必不可少地要遵守礼仪的原则，只有遵守了礼仪的原则，才不会与众人的利益相违背，才会得到社会和众人的认可。

第一，真诚平等原则。

在人际交往中，必须诚实，言行一致，表里如一。只有这样才能被对方接受、理解，才能保持良好的社会关系。

平等待人，是运用礼仪的核心。在人际交往中，对待任何交往对象都必须一视同仁，给予同等程度的礼遇。不允许因为交往对象在年龄、性别、种族、文化、职业、身份、地位、财富以及与自己关系的亲、疏、远、近等方面的不同而有所不同，厚此薄彼、区别对待是不可以的。但是可以根据不同的对象采取不同的交际方法。

第二，热情有度原则。

在人际交往中，待人要热情。从语言、行动上的热情可以拉近与游客的距离，给他们最好的感受。

第三，理解宽容原则。

人们在交际活动中运用礼仪时，既要严于律己，又要宽以待人。要多宽容他人，多体谅他人，多理解他人，千万不要过于责备，斤斤计较，过分苛求，咄咄逼人。

第四，尊重守时原则。

礼仪中不仅要自律，更主要的是如何对待他人。对待他人最紧要的一条，就是要敬人之心永存，时时处处都不可失敬于人，不可伤害他人的自尊，更不能侮辱对方的人格。掌握了这一点就等于掌握了礼仪的灵魂。

由于国情、民族、文化背景的不同，不同地区礼仪风俗也不同。俗话说"十里不同风，百里不同俗"，因此，在运用礼仪时，要注意入乡随俗，不能讥笑、小看地方风俗，引起他人不满。

第五，规范自律原则。

我们学习和应用礼仪，不仅要学会很好地与他人相处，更重要的是要自我约束、自我要求、自我控制、自我反省、自我检点。只有每个人都从自身做起，我们的人际关系才会更加融洽，我们的社会才会更加美好。

3. 乡村旅游从业者着装及修饰礼仪

服装能够反映出一个人的职业、文化修养和审美情趣，乡村旅游服务的对象是来自四面八方的旅游者。乡村旅游从业人员的着装要大方、得体、轻便、实用、美观，最好能体现出地域特色和民族风情，使旅游者得到美的享受。乡村旅游从业人员的着装应注意以下几点：

第一，着装要协调。要与所处的季节、场合相协调。一般乡村旅游从业人员的服装要有春夏两种：一种是在春秋季节气候凉爽时穿着，可以厚实一些，宽松一些，便于保暖和在气温较低时增加毛衣等衣物；另一种是在夏季气候较热时穿着，要单薄、透气、柔软、吸汗。服装要与职业、身份、岗位相协调。

第二，应选择适当的服装色彩，并进行合理搭配。根据场合的需要和自己的特点，选择适当的服装色彩，并进行合理搭配，是得体着装的一个重要手段。服装色彩的选择，既要考虑到身材体形、肤色等因素，也必须注意服装本身色彩的搭配和谐。"没有不美的色彩，只有不美的搭配。"

第三，选择合适的服装款式。旅游从业人员服饰的款式包括一般服饰和特色服饰。一般服饰就是公用的服饰，主要有男士西装、中山装等套装，女士套裙、套装等职业装。特色服装是指具有民族特色和地方特点的服装。乡村旅游从业人员的着装，应尽量汲取当地民俗或民族的元素，形成特色服饰系列。如长袍马褂、短衫、斜对襟的传统服装；如服装面料极具地方特色的丝绸、棉布、麻布、蜡染等服饰；如带有花卉图案、鸟兽虫鱼的图案和福禄寿禧的图案特色服饰等，特色服饰把本民族、本地域的特质文化内涵注入其中，各民族逐步形成了与自然环境和谐的一道道亮丽的服装风景线。

最后，给乡村旅游服务人员提出两点着装建议：一是乡村旅游接待人员可制作统一的工作服，如白衬衫、黑马甲、黑西裤三件套装，着装时注意保持制服线条的流畅，不起皱、不翘边；二是可突出特色，如少数民族服装的特点，突出当地特色或传统服装特色，如苗族、侗族种类繁多的银饰、傣族姑娘漂亮的花筒裙，以及江南水乡妇女的蓝印花布服饰和浙江绍兴男人的乌毡帽等，都是吸引游客注意力的旅游"元素"之一。

这里再说明一下修饰方面的基本要求。对乡村旅游接待人员来说，外貌修饰很有必要。适当的外貌修饰，会使自己容光焕发，充满活力；过分的打扮，浓妆艳抹是不适宜的，应该清新素雅。另外，从心理学的角度去看，服务员不应该在游客面前炫耀自己，修饰要低调，要尽量衬托游客的尊贵，注意自己的装束要与身份相符。

4. 乡村旅游接待服务礼仪

了解乡村旅游导游必须具备的基本素质和礼仪规范，对提升乡村旅游服务质量具有重要意义。旅游接待礼仪作为旅游业服务礼仪的一个重要分支，其接待水平的高低对乡村旅游经营与管理会产生深远影响。

5. 乡村旅游住宿服务礼仪

通过了解乡村旅游住宿服务的基本要求和礼仪、客房基本设备用品的配备和管理，初步掌握乡村旅游住宿预订、宾客入住、客房整理清洁、查房的服务规范和技巧，以及对客服务中常见问题的处理，有助于给游客营造一个舒适的居住环境和良好的休息氛围。

住宿服务是乡村旅游重要的一环，客房是游客暂时的家，乡村的客房不可能也没有必要像城市酒店那么豪华，功能那么齐全。游客到乡村旅游，希望找寻与城市不一样的感觉，所以乡村客房的设计布置应结合所在的环境，就地取材，突出当地的特色，关键是让游客感到轻松惬意。

6. 乡村旅游餐饮服务礼仪

吃、住、行是乡村旅游的几个基本要素，大批游客除了领略当地农家的生活情趣外，还需要品尝当地的饮食风味。乡村旅游为游客提供原汁原味的农家菜，欣赏风景如画的优美环境和享受优良卫生的农家服务，不仅可以满足客人物质和精神方面的需求，而且乡村旅游服务者以其高超的、带有乡土气息的烹调艺术，独具特色的饮食产品，还能满足旅客求异心理方面的需要，并传递当地不同的风土文化。可以这样认为：乡村旅游餐饮本身也可以成为旅游资源，能广泛吸引国内外旅游者。

客人在乡村旅游，餐饮是满足客人基本生活需要的主要服务内容。因此，乡村旅游餐饮的清洁卫生程度、口感口味、环境卫生、服务员的服务态度与效率等都会对客人产生较为深刻的影响。所以，餐饮商品质量如何，将直接关系到客人对乡村旅游的总体评价，餐厅服务人员的仪表、仪容、仪态应满足前面提到的基本要求。

第二节　乡村旅游的财务与法制化管理

一、乡村旅游的财务管理

以货币计量的各种财产、债权和其他权利，是乡村旅游赖以生存发展的经济资源。乡村旅游要善于利用货币形式加强经营活动的综合管理。

乡村旅游经营组织的固定资产，是指使用年限在一年以上的房屋、建筑物、运输工具和其他与生产经营有关的设备、器具、工具等。不属于生产经营主要设备的物品，单位价值在 2000 元以上，使用期限超过两年的，也应当作为固定资产。乡村"农家乐"饭店的固定资产一般在总资产中占有很高的比例。固定资产通常投资数额大，投资回收期长，大多是一次集中性投入，设施设备使用时间短、更新速度快，因此管好、用好固定资产，提高固定资产的利用率十分重要。

无形资产是指长期使用而没有实物形态的资产，包括专利权、商标权、著作权、土地使用权、非专利技术、商誉等，一般具有较大的经济价值，但又有很大的不确定性。无形资产的管理分为无形资产的投资、使用管理，无形资产增加管理，无形资产摊销管理，无形资产转让管理等。乡村旅游经营组织要重视无形资产的投资，对无形资产实行归口分级管理，提高无形资产利用效率。

乡村旅游经营组织资金是进行生产经营所需要的财产物资价值的货币表现。其特点主要是资金收支的不平衡性、资金使用权的可转让性和资金运动的增值性。

财务报表是用统一的货币计量单位，根据日常会计核算资料，反映一定时期财务状况和经营成果的书面文件。财务报表是会计核算过程中最后得出的结果，也是财务管理的重要依据。财务报表管理就是对其进行财务分析，根据财务报表传达的信息来评价企业财务状况，预测发展趋势，为下一期的决策提供有关资料。

二、乡村旅游的法制化管理

乡村旅游的经营活动，必须以法律法规为准绳，规范经营服务，保障旅游者和经营者的合法权益，维护旅游市场秩序，促进乡村旅游业的健康发展。

（一）旅游法律关系与法律责任

1. 旅游法律关系

法律关系是根据法律规范而形成的各种权利义务关系。旅游法律关系是指由法律规范调整的当事人在旅游活动过程中所形成的具有旅游权利和旅游义务内容的社会关系。旅游法律关系由主体、客体、内容三大要素构成。

①旅游法律关系的主体。旅游法律关系的主体，是指旅游法律关系中享有旅游权利和承担旅游义务的当事人。旅游法律关系的主体必须具备旅游法律关系的主体资格，即具备能够享有旅游权利和承担旅游义务的资格。旅游法律关系的主体资格是由法律规定的。能够作为旅游法律关系主体的当事人主要有四类：一是旅游管理部门，主要是国家旅游局及各省、市、自治区旅游局；二是旅游企事业单位，如旅行社、旅游饭店、旅游交通运输部门、旅游资源管理部门、旅游商店；三是旅游者，包括国际旅游者和国内旅游者；四是外国旅游组织。

②旅游法律关系的客体。旅游法律关系的客体，是指旅游法律关系主体的旅游权利和旅游义务所共同指向的事物。如果没有旅游法律关系的客体，旅游法律关系主体的旅游权利和旅游义务就无法体现，也无法衡量。根据我国法律法规的规定，可以作为旅游法律关系客体的有四种：一是物，如各类旅游资源、旅游设施；二是作为旅游费用支付手段的货币，如旅游者参加乡村旅游活动而支付的费用，乡村旅游饭店向国家缴纳的税金、归还的贷款，向职工发放的工资等；三是行为，如国家和地方政府旅游管理部门、旅游企业行使与其旅游职能相适应的管理行为，乡村旅游经营组织为旅游者提供的劳务活动；四是非物质财富，如专利发明、专有技术等。

③旅游法律关系的内容。旅游法律关系的内容，是指旅游法律关系主体所享有的旅游权利和承担的旅游义务。旅游法律关系的内容反映旅游法律关系主体的具体要求，决定旅游法律关系的实质。一般情况下，旅游权利和旅游义务是相互对立同时存在的。旅游法律关系的主体享有法律法规所规定的权利，同时必须承担法律法规所规定的义务；一方主体的旅游权利，就是另一方主体的旅游义务，反之亦然。只有双方主体都依照旅游法律法规的规定，既享受旅游权利又履行旅游义务，旅游法律关系才能够实现。

旅游权利是指旅游法律关系主体依法具有作为或不作为、要求他人作为或不作为的资格。旅游法律关系主体的旅游权利，主要是：有权从事一定的旅游活动，实现自己的旅游利益；有权要求对方主体做出一定的行为，实现自己的旅游利益；当旅游利益因他人的行为不能实现时，有权依法请求国家机关加以保护。

旅游义务是指旅游法律关系主体依法应履行的义务和承担的责任。旅游法律关系义务的主体按照法律法规的规定，做出或不做出一定的行为以完成自己的职责或满足权利主体的要求。旅游法律关系主体的义务，主要是：必须进行或不进行一定的旅游活动，从而履行自己应尽的旅游责任；当不履行或不适当履行自己应尽的旅游责任时，必须承担相应的法律责任。

2. 旅游法律责任

法律责任是违法行为所应当承担的法律后果。违法行为是追究违法者责任的前提，实施法律制裁是追究法律责任的措施和结果。追究行为人违法的法律责任和对违法行为人实施必要的法律制裁，是国家专门机关依法行使其职能的表现，具有强制性。旅游法律责任分为以下几种：

①行政法律责任。如乡村旅游经营组织违反国家法律法规的有关规定，由旅游行政管理部门处以警告、责令限期改正、停业整顿、停止非法经营、罚款、没收违法所得、吊销许可证等行政处罚。被吊销许可证的，由做出处理决定的旅游行政管理部门通知市场监督管理部门吊销营业执照。

②民事法律责任。乡村旅游经营组织因故意或过失行为侵犯了旅游者或者其他组织的人身权、财产权等合法权利，给对方造成了一定的损失，及构成侵权行为的，应承担一定的民事法律责任。

③经济法律责任。乡村旅游经营组织依法同旅游商、旅游团体、旅游者或其他旅游企业订立的旅游合同，具有法律效力。若无正当理由不履行或不完全履行合同约定的义务，即构成违约行为，对方当事人有权要求继续履行合同或解除合同，并有权要求偿付违约金和赔偿因违约行为所造成的经济损失。

（二）乡村旅游合同管理

1. 乡村旅游合同的作用

旅游合同是指具有平等民事主体资格的当事人就旅游事宜明确相互权利和义务关系的协议。加强乡村旅游合同的管理，是保障乡村旅游经营组织及其合作伙伴的合法权益，维护旅游市场秩序的重要条件。

乡村旅游的业务范围，涉及交通、邮政、电信、商业、食品、卫生、安全、保险、环保等行业和单位，形成多种纵横交叉关系，往往由多个旅游企业共同为旅游者提供服务，法律关系十分复杂，合同内容十分广泛。乡村旅游合同不仅主体数量多，而且呈现多元化的倾向。目前乡村旅游经营组织所订的合同，一般都很简单，甚至并没有正式签订合同，不少旅游纠纷和诉讼均由此而来。乡村旅游经营组织必须十分重视旅游合同的重要作用。

乡村旅游合同是旅游活动当事人依法订立的，乡村旅游经营组织和旅游者的合法权益受到我国法律的保护。乡村旅游经营组织的权利是按约定向旅游者收取一定的费用，旅游者的权利是按约定的旅游线路、景点进行参观、游览，按饭店约定的食宿条件进行消费，其中任何一方违反合同的约定，都必须依法承担相应的法律责任。

旅游合同是维护旅游市场秩序的法律手段。乡村旅游经营组织开展旅游服务，保证旅游接待服务中的交通、食宿、游览、购物、娱乐等环节的正常运转，须履行合同所规定的各项义务。同时，对于经营活动中危害国家利益和社会公共利益的违法行为，依据合同规定追究其法律责任，从而维护和保障旅游市场秩序。

旅游合同是提高旅游社会效益和经济效益的法律措施。乡村旅游合同规定了旅游活动双方当事人的权利和义务，不履行合同规定的义务理应受到法律制裁。严格执行业务合同，能促使当事人按合同的规定有效地组织旅游接待、服务工作。切实履行合同义务，能促进乡村旅游经营组织精打细算，搞好经济核算，提高经济效益。

旅游合同是处理旅游纠纷的法律依据。乡村旅游合同既是保护旅游活动当事人合法权益的法律依据，又是处理旅游纠纷的法律依据。合同订立后，双方当事人都必须严格履行，任何一方违约，都必须承担相应的法律责任。

2. 乡村旅游合同的订立

乡村旅游合同的订立，是旅游活动当事人之间就旅游合同的主要条款经过协商而达成协议的一种法律行为。这种行为必须遵守法定的原则，履行法定的程序，采取法定的方式。

第一，合同订立的原则。合同订立遵守相应的法律法规。法律是国家权力机关通过民主形式和法定程序，将人民意志集中转化为国家意志的表现。旅游行政法规是国家行政机关为执行法律，根据法定职权和程序而制定并实施的规范性文件。这些法律法规集中体现了国家发展旅游业的根本利益和要求。乡村旅游合同订立的程序及合同的内容和形式，只有与法律法规相一致，才产生法律效力。

第二，合同订立的程序。乡村旅游合同订立的程序，指当事人各方就旅游合同的主要条款协商并达成一致的过程，这一过程分为要约和承诺两个阶段。

要约，即订约提议，是一方当事人向另一方当事人提出订立合同的表示。做出提议的一方即为要约人，收到提议的一方即为受要约人。要约必须具备四个条件，才是有效的：①要约应是由特定人向相对人做出；②要约应明确提出合同的主要条款；③要约应明确表明要求对方答复的期限；④要约必须传达到受要约人。要约是一种法律行为，在要约表明的有效期限内，对方如接受要约，要约人有义务与之订立合同；要约生效后，要约人不得撤回要约；如果是就特定标的发出要约，要约人不得再向第三人发出同一要约。

承诺，即接受提议，是一方当事人同意按要约的全部条件订立合同的表示。承诺必须具备三个条件，才是有效的：①承诺由受要约人向要约人做出；②承诺是无条件同意要约的内容；③承诺在要约有效期内做出。承诺也是一种法律行为，表示承诺就是当事人双方协商一致而使合同成立。双方当事人往往要反复协商多次才能达成一致意见，因此，乡村旅游合同的要约和承诺是一个反复协商的过程。

第三，合同的内容。乡村旅游合同的内容，是以合同条款的形式加以固定的当事人各方的权利和义务。一份完整的旅游合同，应当明确规定以下六个方面的内容。

一是标的。乡村旅游合同的标的，是订立合同的有关当事人权利、义务共同指向的对象。合同无标的，该合同不能成立；标的不明确，该合同无法履行；标的违法，则该合同无效。

二是数量和质量。合同标的数量和质量，是确定合同标的特征的重要因素，也是合同履行的尺度和标准。乡村旅游合同的标的数量和质量必须明确而具体。

三是价款或酬金。价款或酬金是标的的价金，是合同当事人一方获取标的后向对方支付的货币代价。乡村旅游合同中应当明确规定价款或酬金的数额，包括单价和总额，以及计算标准、结算方式、程序等。价金或酬金的标准，一般由当事人各方根据旅游市场供需情况协商确定，但国家和旅游主管部门有规定的，必须严格按规定行事。

四是履行期限、地点和方式。合同的履行期限，是合同当事人各方履行合同义务的时间界限。当事人必须在合同规定的期限内按合同的规定履行义务，到期不履行即为逾期，就要承担法律责任。凡提前或逾期履行的，必须事先达成协议，并且明确规定提前或逾期履行的时间幅度。合同的履行地点，是合同当事人按合同规定履行义务的地方。乡村旅游合同应对合同条款履行地点做出明确规定，如旅游者在何地乘坐何种交通工具，在何地哪家旅馆住宿，游览哪些景点，等等。合同的履行方式，即当事人用什么方法履行合同规定的义务。

五是违约责任。合同当事人一方或双方因主观过错，没有履行或没有完全履行合同的规定，即构成违约，就要承担法律责任。

六是解决争议的方法。当事人就可能发生的合同纠纷而约定解决方法和程序，以便纠纷发生后妥善处理。这种约定只要是合法的就具有强制性效力。乡村旅游合同有关各方约定解决纠纷争议的途径，可以是调解、仲裁或诉讼，还可约定管辖地点、调解人、仲裁人等。

3. 乡村旅游合同的履行

乡村旅游合同的履行，是当事人各方按照合同规定的条款，全面履行各自承担的义务，最终签订协议的过程。乡村旅游合同的履行以有效的合同为前提。合同成立后，即对各方当事人产生法律约束力，各方当事人都必须全面地、严格地履行合同所规定的全部条款。

第一，合同履行的原则。

一是实际履行原则。这是指除法律和合同另有规定或者客观上已不可能履行外，当事人必须按合同规定的标的去履行义务，获取权利，不能用其他标的来代替约定的标的；一方违约时也不能以偿付违约金、赔偿金的方式代替履行；对方要求继续履行合同的仍应继续履行。贯彻实际履行原则，能够督促乡村旅游经营组织不断改善经营管理，保护当事人的合法权益，防止个别当事人宁肯偿付违约金、赔偿金而故意不履行合同的违法行为。

二是全面履行原则。当事人必须全面履行合同规定的标的以及标的的数量、质量、履行期限、地点和方式等条款，其实质在于督促当事人保质、保量、按时完成合同规定的各项义务，确保正常的旅游市场秩序。

第二，合同履行的担保。

乡村旅游合同履行的担保，是指签订合同的各方当事人为保证合同的切实履行而采取的一种促使一方履行合同义务，满足他方权利实现的具有法律效力的保证措施。乡村旅游合同履行的担保，必须以所担保合同的存在为前提，合同与担保之间是一种从属关系，担保不能独立存在；合同履行的担保随原合同的变更或解除而随之相应地变动，原合同确认无效时担保也无效，原合同全面履行后担保失去法律效力；合同的担保由当事人自愿协商而定，如果需要由第三者来担保，必须得到担保人的自愿同意，并进行书面担保。

乡村旅游合同履行的担保一经确立即具有法律效力，任何一方不得擅自变更或要求撤销担保。如果担保人要求提前解除或变更担保法律关系，必须得到合同权利方当事人的同意。

乡村旅游合同的担保形式，主要有如下几种：

一是定金。定金是合同当事人之间为证明合同的成立和保证履行，由一方预先付给对方的货币。合同履行后，定金收回或抵作价款。给付定金的一方不履行合同的无权请求返还定金，接受定金的一方不履行合同的应当双倍返还定金。

二是保证。保证是由保证单位以自己的名义向另一方做出的履行合同的担保。保证是由不属于原合同当事人的第三方做担保，合同当事人一方要求保证的，可由保证人担保。被保证的当事人不履行合同的，按照担保约定由保证人履行或者承担连带责任，以确保权利当事人实现权利。保证既是保证人与被保证人之间的权利义务关系，又是保证人与主合同的权利当事人之间的权利义务关系，这种双重的法律关系，能够使保证人督促被保证人履行合同，在被保证人不履行合同时权利方当事人有权请求保证人承担保证责任。

三是抵押。抵押是指合同当事人一方或者第三方用自己特定的财产向对方当事人保证履行合同义务的一种担保形式。提供抵押财产的一方当事人为抵押人，接受抵押财产的一方当事人为抵押权人。抵押担保是一种物的担保形式，当作为抵押人的一方当事人不履行合同时，抵押权人有权依法以抵押物抵价或者以变卖抵押物的价款优先得到偿还。

四是留置。留置是指合同当事人一方在对方不履行合同义务时，对自己按照合同占有的对方财产依法采取扣留措施的一种担保形式。财产被留置后，义务人仍不履行合同义务的，权利人有权依法变卖留置的财产，并从变卖的价款中优先得到清偿。

4. 乡村旅游合同的变更和解除

乡村旅游合同的变更，是指在合同尚未履行或尚未完全履行之前，因订立合同所依据的主客观情况发生变化，由双方当事人按照法律或合同规定的条件和程序，对原合同的某些条款进行修改或补充。乡村旅游合同的解除，是指在合同未履行或未完全履行之前，因订立合同所依据的主客观情况发生变化，致使合同的履行成为不可能或不必要，由各方当事人按照法律规定的条件程序，解除原合同的法律关系。乡村旅游合同依法成立后具有法律约束力，任何一方都不得擅自变更或解除合同。但在某些情况下，当事人的主观或客观条件发生了重大变化，为减少损失，或为取得更好的旅游效益，也需要对合同做出变更或解除。合同的变更或解除，必须符合法律规定的条件和按照法律规定的程序进行。

乡村旅游合同订立后，如果当事人各方经协商同意，并且不因此而损害国家利益和社会公共利益，或者由于不可抗力致使合同的全部义务不能履行，或者由于另一方在合同约定的期限内没有履行合同，允许对原合同做变更或解除。

对合同进行变更或解除，还必须按照经济合同实施条例或细则规定的原则、程序来办理。变更或解除合同，必须由一方当事人向对方当事人提出建议，其建议内容应当包括要求变更或解除合同的理由、条款、损失责任，要求对方当事人答复的期限等。一方当事人接到对方当事人提出的变更或解除合同的建议后，应在规定期限内予以答复。经协商一致，原合同才能变更或解除。变更或解除合同必须采用书面形式。凡经过鉴证的合同，在达成合同的变更或解除协议后，要报原鉴证机关备案。

在乡村旅游合同正式变更或解除之前，原来签订的合同仍然有效，任何一方当事人不得借口合同将要变更或解除而拒绝履行。因变更或解除合同而使一方当事人的利益受到损失时，应承担相应的责任。如当事人各方协商同意变更或解除合同，其损失由责任方承担，受损失的一方当事人有权要求责任方赔偿损失。若各方当事人都有责任，则各方当事人分别承担各自应负的责任。如因不可抗力使合同变更或解除的，不履行义务的一方当事人不承担责任，但如果义务人在规定的时间内未及时通知对方，致使对方遭受损失的，仍应承担责任。因当事人一方发生合并、分立而变更合同的，由变更后的当事人承担或分别承担履行合同的义务和享受应有的权利。当事人一方被撤销时，其权利和义务由批准撤销的单位承担。

5. 无效的乡村旅游合同

无效合同是指不发生法律效力的合同。旅游合同一经被确认无效，从订立的时候起就没有法律约束力，国家不予承认，不受法律保护，无效合同的当事人还要承担由此产生的法律责任。合同欠缺成立要件，合同不能成立；合同虽已成立但欠缺有效要件，则为无效合同。当事人依据无效合同产生的旅游法律关系不存在，依据无效合同的履行也无效，已履行的应恢复原状，未履行的不得履行；当事人因无效合同的履行发生争议，不受法律保护（但因无效合同导致财产损失的除外）。无效的旅游合同以绝对无效为原则，即使当事人并未对合同效力问题产生异议，有关确认机关也可依法主动确认该合同无效。对无效合同的确认并无时效限制。

第一，无效合同的种类。

根据合同无效的程度和范围，无效合同可分为全部无效合同和部分无效合同两类。部分无效旅游合同是指某些条款虽然违反法律法规规定，但并不影响其他条款法律效力的合同。乡村旅游合同的具体内容十分复杂，往往涉及多方面的法律问题。如果合同的某些条款违法，其他条款并不违法，应确认为合同部分无效，如果不影响其余部分的效力，其余部分仍然有效；如果无效部分影响其余部分的效力，其余部分均归无效。如果合同当事人所从事的主要旅游行为是国家法律和行政法规禁止的行为，该合同就是全部无效的合同。

根据导致合同无效行为的性质和损害对象，无效合同分为一般无效合同和严重无效合同两类。一般无效合同是指仅损害当事人利益的无效合同，严重无效合同是指损害国家和社会公共利益的无效合同。对于一般无效合同，仅在当事人之间做退还财产、赔偿损失、自行负责等处理；而对于严重无效合同，则应采取追缴财产等严重制裁措施。

有些乡村旅游合同之所以被确认无效，其原因主要有以下几种情况。一是违反法律和行政法规。因其违反国家相关的法律法规，妨害了国家正常的旅游管理秩序，不论当事人是否出于故意，所签合同均为无效合同。二是采取欺诈、胁迫等手段。当事人一方故意制造假象或者隐瞒真相，使对方受骗上当而签订合同，或者当事人一方用可能实现的、使对方蒙受损失的行为相要挟，迫使对方同意签订某项合同，这类合同均是无效合同。三是违反法律要求的代订。代理人必须按照法律的要求，在被代理人的授权要求和授权范围内代理签订合同。代理人的代理行为合法，所代订的合同对被代理人产生法律效力；若代理行为违法，所代订的合同对被代理人不产生法律效力。无权代理或超权代理又未经被代理人追认的，代理人滥用代理权、损害被代理人利益的，均属无效代理，其所订立的合同也属无效合同。四是损害国家利益或社会公共利益。当事人签订的合同有损国家利益和社会公共利益的一律为无效旅游合同，对这类严重无效旅游合同应予以严厉制裁。

第二，无效合同的确认。

无效合同的确认，一看合同的主体是否合格。旅游合同的订立是一种法律行为，它在当事人之间形成一定的权利义务关系，当事人必须具有合法的签约资格，具有相应的权利和承担义务的能力。二看合同的内容是否合法。如果合同中含有违反国家法律和行政法规的条款或法律、政策所不允许的行为，即合同内容不合法，其合同当属无效合同。三看代理是否有效。如果代理人未经授权、超越代理权限或者代理权消失后签订合同又未经被代理人追认，代理人与对方通谋签订损害被代理人利益的合同，诸如此类的情况都违背了被代理人的意志，因此合同无效。四看手续是否完备。法律法规规定必须履行法定手续才能生效的合同，如果当事人没有履行法定的手续，如法律法规规定必须报经主管部门审核批准而未经批准的，当事人一方未盖公章或当事人一方借盖公章的，均属手续不完备，该合同不具有法律约束力。

无效合同的确认权在人民法院和仲裁机构。人民法院在审理经济合同纠纷案件中，如果发现该合同为无效合同，将通过审判程序予以确认。人民法院对无效合同一般先用裁定书确认，然后对当事人之间的财产纠纷进行调解解决，也可用调解书确认和处理，但对利用旅游合同进行违法、犯罪活动需要给予经济制裁或追究刑事责任的，则不进行调解。对涉及追缴财产、罚款的无效合同，必须用判决书确认和处理。因合同发生纠纷时，当事人不愿意通过协商、调解解决或者协商、调解不成的，可以依据合同中的仲裁条款或者事后达成的书面仲裁协议，向仲裁机构申请仲裁，仲裁机构在查明事实、分清责任的基础上，制作无效合同确认书。对仲裁机构的仲裁裁决，当事人应当履行。当事人一方在规定的期限内不履行仲裁机构的仲裁裁决，另一方当事人可以申请人民法院强制执行。

第三，无效合同的处理。

乡村旅游合同被确认无效后，合同规定的当事人之间的权利义务关系即属无效，尚未履行的不得履行，正在履行的立即终止履行。无效合同的处理，包括无效合同引起的财产后果的处理和无效合同中的违法行为的处理两个方面。

无效合同引起的财产争议，应区别不同情况，采用不同方法予以处理。

一是返还财产。合同确认无效后，当事人有权要求对方返还已交付的财产。如果标的物已不存在或者已被第三方合法取得不能返还时，可用赔偿损失的方法抵偿。

二是赔偿损失。合同确认无效后，因无效合同造成的损失由过错方负责赔偿。过错方当事人应当赔偿对方所受的损失，过错方的损失自负。如果无效合同的产生是由各方当事人的过错造成的，则按照其过错主次和大小，分别承担相应的责任。

三是追缴财产。对违反国家利益和社会公共利益的无效合同，因其性质严重、后果恶劣、社会危害性大，如双方当事人都是故意的，应追缴双方已经取得或者约定取得的财产。如果只有一方是故意的，故意的一方应将从对方取得的财产返还对方；非故意的一方已经从对方取得或约定取得的财产，应予追缴。返还财产是消除无效合同造成财产后果的一种补救手段，追缴财产则是一种经济惩罚手段。追缴财产只适用于违反国家利益或社会公共利益的合同，以返还财产的手段处理不足以消除其不良后果；追缴财产只适用于无效合同的故意方，在追缴无效合同故意方财产时，非故意方的合法权益仍受保护。

四是自行负责。凡代理人违反法律要求代订的各种合同，都属无效代理行为，对被代理人无法律约束力。因无效代理行为在代理人与第三方之间形成的旅游法律关系，由代理人自行负责，承担相应的法律后果。

对无效合同中的违法行为，根据违法行为的性质和情节分别处理。对于一般违法行为，由县级以上市场监督管理部门和其他有关主管部门依据法律、行政法规规定的职责负责处理，给予一定的行政处罚，如通报批评、限期停业整顿、吊销营业执照、罚款、收缴非法所得等。对于严重违法行为，即利用合同危害国家利益、社会公共利益的违法行为情节严重，已经触犯刑法构成犯罪需要追究有关责任人刑事责任的，应移送司法部门查处，追究有关当事人和直接责任人的刑事责任。

6. 可撤销的乡村旅游合同

可撤销的乡村旅游合同，是指合同订立后其法律效力处于不确定状态，当事人有权要求人民法院或仲裁机构予以撤销的合同。

可撤销的旅游合同与无效的旅游合同是有区别的。无效的合同是违反法律和行政法规、采取欺诈胁迫等手段签订的、违反法律要求代订的和有损国家利益或社会公共利益的合同，而可撤销的合同只限重大误解或显失公平的合同。所谓重大误解的合同，是指当事人对合同的性质、对方当事人及标的等重大问题缺乏了解或了解得不正确，发生了错误认识而签订的合同。重大误解的合同由于违反了当事人的真实意愿，当事人提出异议，应予撤销。显失公平的合同，是指一方当事人利用优势或利用对方急需或无经验，致使双方的权利义务关系明显违反平等互利、等价交换原则的合同。由于显失公平的合同对一方当事人有重大不利，而且并非出于真正自愿，一经争议，应予撤销。

对于有重大误解和显失公平的合同，当事人有权请求人民法院或仲裁机构酌情予以变更或撤销。当事人对有重大误解或显失公平的合同请求变更的，人民法院或仲裁机构应当通过调解，促使当事人修改原订合同条款，消除当事人对合同内容的误解和合同内容不公平的状况，使当事人的利益趋于基本平衡。如果当事人请求撤销，人民法院或仲裁机构可酌情予以撤销。对于有些可撤销的合同，一方要求变更合同内容遭到另一方拒绝的，享有请求权的一方当事人也可申请撤销，人民法院或仲裁机构应予支持。

可撤销的合同被撤销后，当事人基于重大误解、显失公平的合同所取得的财产应返还给对方。若标的因灭失、消耗或为第三方合法取得而不能返还的，应折价补偿。无过错的当事人因合同被撤销造成的损失，由过错方当事人负责补偿，过错方的损失自负。若双方都有过错，则根据其过错大小各自承担相应的责任；若因代理违法而致合同被撤销时，该损失由有过错代理人承担。

（三）乡村旅游违约责任

1. 乡村旅游违约责任的性质

乡村旅游经营者因为自己的过错造成合同不能履行或不能完全履行，依照法规或合同约定承担相应的责任。

乡村旅游经营者的违约责任，分为法定违约责任、约定违约责任和另行商定违约责任三种。法定违约责任是旅游合同当事人根据我国法律法规规定的适用情况和具体方法所承担的违约责任。约定违约责任是在我国现行法律法规未规定违约责任的情况下，合同当事人根据有关法规的基本原则和实际情况而确定的违约责任。我国现行法律法规对违约责任只规定原则性的适用情况和适用方法，当事人各方也可以在该原则之内另行商定适用方法。

违反乡村旅游合同，其责任主体是合同的当事人。属上级机关的原因造成合同当事人违约的，由上级机关对因此所造成的损失按我国《民法典》的规定承担责任或负责处理，即采取补救措施。另外，违约责任与个人责任是不能相互替代的，因个人失职、渎职或者其他违法行为造成合同不能履行或不能完全履行，并且造成重大事故或严重损失的，其个人应依法承担经济责任、行政责任或刑事责任，但乡村旅游经营者的违约责任不能免除。

2. 承担违约责任的条件

承担违约责任，一要有违约行为，二要有主观上的过错。违约责任是对违反旅游合同行为的一种制裁。要追究违约责任，旅游合同当事人必须有不履行或不完全履行合同的违约行为，例如乡村旅游经营者履行合同时在标的数量、质量、履行期限、地点、方式等方面不完全符合合同的要求，就要承担相应的违约责任。只有当事人不履行或不完全履行合同的行为是主观过错所致，而不是主观意志以外的原因造成的，当事人才要承担违约责任。当事人明知自己违反旅游合同会发生有损于对方合法权益的后果，但又希望或者放任这种结果的发生；当事人应当预见或者能够预见到自己违反旅游合同可能会发生有损于对方合法权益的后果，但因疏忽大意而未能预见或者已经预见而轻信能够避免，以致发生了有损于对方合法权益的结果，合同当事人的这种故意或过失，都属于主观上的过错，不管是否已经给对方造成了经济损失，都应当承担违约责任。

应当指出，承担违约责任是有前提的，这就是当事人违反了有效的旅游合同。只有有效的旅游合同，才对当事人产生法律约束力。如果是无效旅游合同，本来就不应该履行，不存在是否违约和追究违约责任的问题。

3. 承担违约责任的原则

违约责任主要是一种财产性质的责任，它是由旅游合同法律关系的性质和原则决定的。承担违约责任必须坚持以下几项原则：

第一，过错责任原则。

过错是承担违约责任的前提。谁有过错就由谁承担违约责任，没有过错就不承担违约责任。由于合同当事人一方的过错而实施违约行为，由该当事人承担违约责任；属于双方当事人的过错，由双方分别承担各自应负的违约责任；属于代理人的过错，若在代理权限内，则由被代理人承担，然后再向有过错的代理人追偿，若代理人超越了代理权限，则由代理人直接承担违约责任；属于合同当事人的上级领导机关或业务主管机关的过错，则先由合同当事人按规定向对方支付违约金或赔偿金，然后再由负责任的上级领导机关或业务主管机关负责处理。如果属于无过错的违约行为，可以依法减免责任。由于不可抗力使合同不能履行的，应及时向对方通报不能履行或者需要延期履行、部分履行合同的理由，在取得有关证明以后，允许延期履行、部分履行或者不履行，并可根据情况部分或全部免予违约责任。

第二，等价补偿原则。

凡是已经给对方当事人造成财产损失的，必须承担补偿责任。这种补偿责任，一般以不超过因不履行合同使对方当事人所遭受的实际损失为限。

当事人一方违反合同的赔偿责任，应当相当于另一方因此所受的损失。当事人一方违反合同，应向对方支付违约金。如果违约已给对方造成的损失超过违约金的，还应进行赔偿，补偿违约金不足的部分。这些规定充分体现了赔偿实际损失的原则，也是保护当事人合法权益、贯彻过错责任原则的有力措施。实行等价补偿、赔偿实际损失，必须首先确定损失范围。财产损失的范围应包括受害人现有财产的减少和失去可得利益两部分，如财产的灭失、缺少、损坏、变质、污染及多耗用的费用、物资，当事人一方违约使对方当事人失去的正常情况下可以得到的利益。

第三，风险责任原则。

风险责任原则是指如果旅游合同标的物毁坏和灭失，不是由于双方当事人的故意或过失，而是由于不可抗力和意外事件造成时，须确定由谁来承担风险责任。除法律另有规定或者当事人另有约定的以外，风险责任的认定，主要看财产所有权何时转移。风险责任原则上随标的交付而转移：标的交付前，风险责任由交付方当事人承担；标的交付后，财产所有权已经发生转移，风险责任由接受方当事人承担。因一方当事人的过错致使标的交付迟延时，风险责任应由过错方当事人承担。

第四，自愿协商原则。

旅游合同当事人所承担的违反旅游合同的责任，双方当事人可以通过自愿协商，确定承担经济责任的具体方法，但以不违反我国法律法规为限度。

4. 违约责任的免除

在一般情况下，当事人违约应承担相应的法律责任，但如果出现以下三种情况，可以酌情免除违约方的违约责任。

第一，不可抗力的发生。

不可抗力是各国民法普遍确认的一项免责条件，我国《经济合同法》亦确认了这一免责条件。所谓不可抗力，是指不能预见、不能避免并不能克服的客观情况，如旱灾、水灾、台风、地震、滑坡及战争、罢工等。如果不可抗力的发生致使合同无法履行，则应免除责任、解除合同；如果只是暂时阻碍了合同的履行，应延期履行；如果只是使部分条款无法履行，则应继续履行可履行的条款。合同不再履行，延期履行，还是部分履行，取决于不可抗力的影响程度。

第二，免责条件的发生。

有关的法律法规规定有免责条件，有些合同签订时设定了免责条件，当发生这些免责条件时，义务人虽然不履行或不适当履行义务，仍可不承担违约责任。

第三，情势变迁的发生。

合同订立后，如果发生双方当事人无法预料的意外事故，使合同确实无法履行，合同当事人可以解除合同，免于承担责任。例如，合同订立后，标的物交付前，风险责任尚未转移，标的物突然意外灭失，该合同确实无法履行，合同可以解除，违约责任可以免除。

5. 承担违约责任的方式

乡村旅游经营者承担违约责任，有支付违约金、支付赔偿金和返还定金等方式。

第一，支付违约金。

违约金是一方当事人由于过错而不履行或不适当履行旅游合同，依照法律规定或合同约定，支付给对方当事人的货币。只要违约，不论是否给对方造成经济损失，都应当承担违约责任，支付违约金。违约金分为两种：一种是法定违约金，即法律和法规规定的违约金，法定违约金可以是固定比率，在签订合同时就按有关条例或实施细则规定计算违约金的标准或固定比率，也可以是浮动比率，即规定违约金比率幅度；另一种是约定违约金，即由当事人协商确定的违约金；有关条例或细则规定了违约金的数额而又允许当事人在合同中另行约定，或规定当事人的约定违约金优先于法定违约金的，当事人可在法定违约金的范围以外商定违约金的具体比例或数额；有关条例或细则对违约金未做具体规定的，可按当事人在合同中的约定偿付违约金。

第二，支付赔偿金。

赔偿金是旅游合同当事人一方因过错违约给对方造成的损失超过违约金数额时，由违约一方支付给损失方的补偿货币。在支付赔偿金时，违约方不仅要赔偿对方财产直接减少的现实损失，而且要赔偿可得利益损失。违约方只对其主观上有过错的行为和能够预见的后果承担赔偿责任，对不能预见的后果不负赔偿责任；对损失方能够避免而未避免的损失，违约方不负赔偿责任。违约方支付违约金和赔偿金后，对方要求继续履行合同的，在对方指定或双方约定的期限内，继续履行合同中规定的义务。

第三，返还定金。

定金是旅游合同成立的证明和履行保证，合同履行后定金应收回或抵作价款。给付定金的一方不履行合同的，无权请求返还定金。接受定金的一方不履行合同，应双倍返还定金。如果不履行合同是双方的责任，接受定金的一方只返还其接受的定金。

（四）乡村旅游经营组织违规行为的处罚

1. 超范围经营的处罚

乡村旅游经营组织作为一种特种服务行业，一般实行经营许可证制度。经营许可证不得转让或变相转让。乡村旅游经营者必须在核定的经营范围内开展业务，并按国家有关规定收取费用。

乡村旅游经营者有责任维护旅游市场的良好秩序。如果擅自使用其他旅游经营组织的名称，假冒其他旅游经营组织的注册商标、品牌和质量认证标志，诋毁其他旅游经营组织的名誉，向旅游者提供虚假的旅游信息和广告宣传，以低于正常成本价的价格参与竞销，以及其他被市场监督、旅游行政管理部门认定为扰乱旅游市场秩序的行为，由市场监督、旅游行政管理部门依照有关法律、法规处罚。乡村旅游经营者必须接受旅游行政管理部门的监督检查。如果无理拒绝旅游行政管理部门的监督检查，由旅游行政管理部门处以警告，并责令限期改正；逾期不改的，可处以停业整顿，并处罚款。

2. 价格欺诈行为的处罚

旅游价格的管理，关系到保护旅游者的合法权益和乡村旅游经营者的正当经营活动，关系到国家旅游业的健康发展。乡村旅游经营者必须遵守国家和旅游行政主管部门颁布的价格法规和规定。

我国旅游价格实行"统一领导，分级管理"的原则，重要的旅游价格由国家物价局与文化和旅游部管理，比较重要的旅游价格由地方人民政府物价部门和旅游主管部门管理。乡村旅游经营活动应当优质优价，同质同价，低质低价，做到价格基本稳定，薄利多销。

乡村旅游经营者违反旅游价格政策、法规的，如不执行国家规定的旅游价格标准，采取巧立名目、变相涨价、以次充好等手段牟取非法利润的，对检举、揭发违反旅游价格方针、政策的人进行打击报复的，由旅游行政管理部门会同物价管理部门按有关规定予以经济制裁，并由市场监督管理部门勒令停业整顿或吊销营业执照。采取抬价压价、变相涨价等非法手段从中贪污或者违反价格纪律的，对抵制、控告和揭发违反价格政策的人员进行报复陷害造成严重后果的，应当加重行政处分和经济制裁，构成犯罪的由司法机关依法追究刑事责任。

3. 收受回扣索要小费的处罚

根据我国现行法律法规，乡村旅游从业人员禁止收受回扣和索要小费，这是整顿旅游市场秩序、规范旅游经营的措施之一。违反规定索要、收受回扣的，根据数额大小，可以处以没收非法所得、罚款、行政警告或记过、留用察看、开除公职等处分，对经营单位可责令停业整顿，或者由市场监督管理部门依法吊销营业执照。乡村旅游所有工作人员不得向旅游者索要、收受小费。旅游者主动赠送礼品的应当谢绝，确实谢绝不了的应当按照国家有关礼品的规定处理。收受回扣、索要小费情节严重触犯刑律的，交司法机关依法追究刑事责任。

第四章 乡村旅游资源开发与保护

第一节 乡村旅游资源阐述

一、乡村旅游资源的定义与构成

（一）乡村旅游资源的概念

1. 旅游资源的定义

何为旅游资源，简单来说就是游客的旅游对象或者目的物，但该如何用文字去定义它？笔者查阅了大量的文献资料，发现不同学者和组织对旅游资源的定义也不尽相同。比如，文化和旅游部、国家技术监督局给旅游资源下的定义为自然界和人类社会凡能对旅游者产生吸引力，可以为旅游业开发利用，并可产生经济效益、社会效益和环境效益的各种事物和因素，均称为旅游资源。

我们可以总结出旅游资源定义所包含的内容如下：

①旅游资源是客观存在的。

②旅游资源对其他地方生活的人具有一定的吸引力。

③旅游资源能够运用到旅游产业中，无论是当前可利用的，还是未来可利用的。

④旅游资源是能够产生效益的，包括社会效益、经济效益和环境效益三个方面。

综合旅游资源的上述内容，我们可以对旅游资源下一个简要的定义：旅游资源是客观存在的，对旅游者具有一定吸引力，能够运用在旅游产业中，且最终能够产生社会、经济、环境效益的现象或事物。

2. 乡村旅游资源的概念

乡村旅游资源，从字面意思上看，在"旅游资源"的概念上加上了"乡村"两个字，但我们并不能简单地将旅游资源的概念通过"乡村"两个字进行简单的延伸，因为从本书第一章笔者对乡村的解读中可知，乡村作为一个地域空间，其兼具政治、文化、经济、自然等特征，是一个复杂的概念，所以需要我们结合乡村对乡村旅游资源做更为深入的解读。

首先，我们可以先来看一些学者针对乡村旅游资源的解读，这些阐述有助于我们进一步理解旅游资源的概念。比如，王云才等从景观学的角度着手，将乡村旅游资源看作一种景观。因此，乡村旅游资源可被看作在乡村地域范围内能够被利用的景观及景观资源，是对无论是乡村居民或城市居民都能够产生吸引力，并满足旅游需求的乡村事物、事件、过程、活动、人物、乡村文化、乡村民俗、口头传说、民间艺术、乡土教育等资源；乡村旅游资源的数量、类型、品位、地方性组合特征和乡村居民的友善好客等居民态度构成乡村旅游资源的主要特征，而乡村旅游资源开发程度、基础设施建设、经济更新条件等成为乡村旅游资源开发与利用的重要条件。从广义上来看，乡村旅游资源是指在现实条件下，能够吸引人们产生旅游动机并进行旅游活动的各种有一定内涵和特色的自然、人文、物质及精神的乡村旅游景观，这些景观能为旅游者提供游览、观赏、知识、乐趣、度假、疗养、娱乐、休息、探险猎奇、考察研究、社会交往等功能和服务；从狭义上来看，乡村旅游资源是指在乡村地域范围内，能对旅游者产生吸引力、满足旅游需求并可产生经济、社会和环境效益的各种乡村特色景观。

从上述针对乡村旅游资源的解读中，我们不难对乡村旅游资源下一个简要的定义：乡村旅游资源是在乡村这一地域范围内，对其他地区（包括城镇和其他乡村）的人具有一定的吸引力，并吸引他人前来进行旅游活动，且最终能够为乡村带来经济、文化、社会、政治、生态等综合效益的客观体。当然，在理解乡村旅游资源概念的时候，有一点需要我们注意，即在社会不断演进的过程中，旅游以及乡村旅游的人数在不断改变，所以旅游资源的概念与内涵自然也会发生改变，这就需要我们不断更新自己的认知。比如，在农业旅游未兴起之前，农业仅仅是第一产业中的组成部分，并不属于旅游资源，但农业旅游兴起之后，农业逐渐成为重要的旅游资源之一，农业的产业链得到了延伸。总之，现代社会在不断发展，旅游的内涵在不断丰富，对旅游资源的认知也要随之不断扩充。

（二）乡村旅游资源的构成

1. 自然旅游资源

乡村自然旅游资源是指包括地质、水文、气候、生物等在内的自然综合体。人的生产生活都是建立在自然环境基础之上的，这是其他资源要素产生的基础。我国乡村旅游资源丰富，种类多样，这在很大程度上受自然环境的影响，关于这一点笔者在之前已有多次论述，在此仅针对自然资源本身进行阐述。相较于城市而言，乡村虽然基础建设、经济发展等相对落后，但自然资源却更加丰富，这为乡村旅游的发展提供了得天独厚的自然条件。乡村旅游应积极开发自然旅游资源，但需要采取科学的方法，遵守保护的原则，不破坏自然环境。

2. 文化旅游资源

乡村文化旅游资源包括乡村民俗文化、乡村建筑文化、乡村农耕文化、乡村饮食文化等，是乡村旅游资源中最能体现乡村特点的客观体。乡村文化资源既包括物质层面的实物，如民俗建筑、农事工具等，又包括非物质层面的精神文化，如民俗、节庆活动等。我国不同地域、不同民俗之间，民俗文化资源也存在差异，各地、各民族应结合自身特色进行开发，让游客能够感受到文化的差异，获得与其他地域不同的旅游体验。

3. 社会旅游资源

乡村社会旅游资源包括乡村的社会结构、经济结构、农业景观结构等。乡村社会资源同样能够凸显乡村的特色，这是在乡村长时间发展过程中逐渐形成的，具有稳定性的特征。当然，为了满足游客乡村旅游的需求，一些乡村社会资源在开发时也可融入一些现代性的内容，如乡村农业景观，为了从传统的观光式向体验式转变，应加入一些体验性的项目，让游客既可以观光，又可以体验农事活动，从而使游客形成更加深刻的旅游体验。

需要说明的是，乡村旅游的上述三个部分并不是相互割裂、截然分开的，而是彼此联系、相互融合，共同构成了乡村旅游资源这个有机整体。

二、乡村旅游资源的特点

（一）民族性

我国是一个多民族融合的国家，而不同的民族在长期的发展中形成了不同的文化，虽然在现代化的进程中，各民族之间的交流日益增多，使不同民族之间的文化或多或少地融合了其他民族文化的元素，但总体而言，仍然保留着本民族的特色，尤其是一些地理位置较为偏远的乡村，其文化特色保留得更为完整。这些各具特色的民族文化赋予了乡村旅游独特的魅力，吸引着对民族文化感兴趣的游客。在某种程度上，当地旅游资源的吸引力与其当地文化的民族性呈正相关，即民族性越强，对游客的吸引力越强，越有助于当地旅游产业的发展。

（二）系统性

之前笔者曾指出，乡村旅游资源由自然旅游资源、文化旅游资源和社会旅游资源三个部分组成，三者之间共同构成了乡村旅游资源这个有机整体，任何一个要素受到影响，其他要素都会受到影响，进而影响当地旅游产业的发展。乡村资源的这种系统性决定了在乡村旅游资源的保护中，应该站在长远发展的角度，从整体出发，切忌只考虑短期利益，而忽视对某一要素的保护。

（三）广泛性

我国地域幅员辽阔，除了高山、沙漠等自然条件极为苛刻的地区外，其他地区大多能够满足人类居住的需求，所以也大多存在人类的足迹，而有人类居住的地方必然会产生相应的景观，这些遍布全国各地的景观为旅游产业的发展提供了条件。我国作为一个农业大国，这些景观自然有不少存在于乡村中，并成为乡村重要的旅游资源。因此，从地理空间分布的角度来看，乡村旅游资源也具有广泛性的特点。

（四）多样性

乡村旅游资源的多样性体现在多个方面。从乡村旅游资源的形态来看，乡村旅游资源既表现为农、林、牧、渔等农业类型的景观，又表现为民俗文化、节庆活动等文化类景观，还表现为五彩缤纷的民族文化景观；从乡村旅游资源的内容看，既包括自然旅游资源，又包括文化旅游资源，还包括社会旅游资源。故而，多样性也是乡村旅游资源的基本特点之一。

（五）脆弱性

乡村文化资源的脆弱性体现在两个方面：一是乡村生态资源的脆弱性；二是乡村文化资源的脆弱性。首先，就乡村生态资源来说，生态资源的原始性是吸引城镇居民的一个重要原因，这种原始性之所以得到维持，是因为以前并没有人对其进行开发，外来参观的人也非常少，而一旦对其进行开发，不可避免地会对其原始性造成破坏。其次，就乡村文化资源的脆弱性来说，这是在城市文化影响下逐渐凸显的一个特征，因为乡村文化在长时间内显示出的是较强的稳定性，但城市文化出现之后，乡村文化的稳定性逐渐消解，并呈现出一定的脆弱性。因此，面对城市文化的影响，保护和继承乡村文化就显得非常重要且迫在眉睫。

三、乡村旅游资源的分类

面对乡村旅游的热潮，国内外不少学者对乡村旅游资源进行了分类，但由于乡村旅游资源的多样性，目前对乡村旅游资源的分类并没有统一的标准，但对乡村旅游资源进行分类具有非常积极的意义，能够更好地发挥旅游资源的核心竞争力，并将其竞争力转化为现实的旅游需求。因此，在综合众多学者分类的基础上，依据不同的分类标准，对旅游资源进行了如下分类：

（一）依据资源的属性进行分类

依据乡村旅游资源的属性可将旅游资源分为自然旅游资源、文化旅游资源和社会旅游资源。依据乡村旅游资源的属性分类是目前最常用的分类方式，这种分类方式也常用于乡村旅游资源构成的阐述中。笔者在前文针对乡村旅游资源构成的论述便是采用这一分类方式，也分别针对自然旅游资源、文化旅游资源和社会旅游资源进行了论述，所以在此不再赘述。

（二）依据资源的可再生性分类

依据资源的可再生性可将乡村旅游资源分为可再生资源与不可再生资源两类。

1. 可再生资源

乡村旅游资源中的可再生资源是指被消耗或者遭受适度毁坏后，能够通过某些适当的途径将其恢复或者人工再造的资源。比如，乡村中的农业资源，游客在体验的过程中会产生消耗，但在下个播种季节之前，通过人工的播种便可以恢复。再如，一些仿造的建筑，有些乡村具有深厚的历史文化底蕴，但历史上的建筑早已不在，而为了凸显当地的历史文化底蕴，往往会选择仿造一些历史建筑，这些建筑因为是现代仿造的，并没有历史和文化价值，也属于可再生资源。

2. 不可再生资源

乡村旅游资源中的不可再生资源是指被消耗或者遭受毁坏后不可再恢复或不能人工再造的资源。在乡村旅游资源中，有很多都是不可再生的，如传统建筑，虽然在损毁之后可以重建，但两个建筑已经属于不同的事物，其文化内涵和历史价值也截然不同。此外，一些自然资源也属于不可再生的，如特殊的地貌，是经过上千年甚至是上万年才形成的，一旦损毁，将不可能再恢复。乡村旅游资源中的不可再生资源为旅游开发者敲响了警钟，即在开发旅游资源时，要始终坚持保护—开发—保护的规划路线，从而确保旅游产业能够可持续发展。

（三）依据资源的开发现状分类

依据乡村旅游资源的开发现状可将乡村旅游资源分为已开发旅游资源、待开发旅游资源和潜在旅游资源三类。

1. 已开发旅游资源

顾名思义，已开发旅游资源是指已经被开发的旅游资源，这些资源是支撑当前旅游产业发展的基础。基于种种主客观原因的影响，已开发的资源中有些已经具有了非常高的知名度，有些知名度仍旧较低。对于资源知名度较高的乡村，游客自然是络绎不绝，所以如何在保证经济收益的同时，确保资源的可持续性是需要思考的一个问题。而对于资源知名度较低的乡村，游客量相对较少，所以如何提高其知名度，以提高综合效益是需要思考的主要问题。

2. 待开发旅游资源

待开发旅游资源是指对外界已经产生一定的影响力但仍未开发的资源，此类旅游资源虽然还没有开发，却有了开发计划，当时机成熟时，便会将其作为重要的旅游资源进行开发。对于此类旅游资源，切忌盲目开发，一定要做好开发规划，走保护—开发—保护的开发路线，而不是开发—效益的路线。

3. 潜在旅游资源

潜在旅游资源是指没有对外界产生影响力且没有开发的资源。从某种意义上来说，潜在旅游资源和待开发旅游资源都属于未开发旅游资源，只是两者的程度不同。潜在旅游资源虽然没有对外界产生影响力，却具有开发的潜力。其实，在很多乡村中都存在潜在的旅游资源，因为它们已经渗透到人们的生活中，所以很多人会将其当作习以为常的事物，但对其他地区的人而言，这些事物也许具有很强的吸引力。当然，开发潜在的旅游资源存在一定的风险，所以开发之前应做好权衡，即成本与效益的权衡，切忌盲目开发，不然会适得其反。

（四）依据旅游资源的管理等级分类

依据旅游资源的管理等级可分为世界级乡村旅游资源、国家级乡村旅游资源、省级乡村旅游资源和市级乡村旅游资源。将乡村旅游等级按照管理等级分类便于掌握旅游资源的重要程度及其可能对游客产生的吸引力。

1. 世界级乡村旅游资源

世界级乡村旅游资源属于最高等级的旅游资源，这些资源能为一种已消逝的文明或文化传统提供一种独特的、特殊的见证，或者代表一种独特的艺术成就，或者展示出人类历史上一个（或几个）重要阶段。世界级乡村旅游资源大多被选入《世界遗产名录》中，如皖南古村落——西递、宏村，它们的村落选址、布局和建筑形态，都以《周易》风水理论为指导，体现了"天人合一"的中国传统哲学思想和对大自然的向往与尊重，那些典雅的明清民居建筑群与大自然紧密相融，创造出一个既合乎科学，又富有情趣的生活居住环境，是中国传统古村落的精髓。

2. 国家级乡村旅游资源

国家级乡村旅游资源在全国具有较高的知名度，且具有该级别旅游资源的乡村大多发展为全国乡村重点旅游村镇，为带动当地经济发展以及农民就业发挥了积极的作用。

3. 省级乡村旅游资源

省级乡村旅游资源通常在本省内具有较高的知名度，在省外的知名度相对较低，所以依靠省级乡村旅游资源发展的旅游村主要吸引"3小时经济圈"内的游客，游客也以自驾的方式为主。

4. 市级乡村旅游资源

相较于前三者而言，市级乡村旅游资源的知名度较低，一般对本市范围内的游客具有较强的吸引力。市级乡村旅游资源的数量相对较多，且规模一般不大，虽然其产生的综合效益不如前三者，但覆盖的范围较大，惠及的农民较多。就目前我国市级乡村旅游资源开发现状来看，由于地理因素的限制，市级范围内旅游资源的差异性较小，这导致乡村旅游产业发展存在较高的同质化现象，因此，如何特色化是市级乡村旅游资源开发应该思考的一个关键问题。

第二节　乡村旅游资源的开发

一、乡村旅游资源开发基础

（一）乡村旅游资源开发的原则

1. 开发保护相结合原则

乡村旅游资源的开发为旅游产业发展提供了必要的资料，但因为乡村中很多旅游资源都是不可再生的，面对这些不可再生的资源时，应秉承开发与保护相结合的原则。开发是目的，也是发展旅游产业的必然途径，但必须坚持保护这个前提，尤其在面对不可再生的旅游资源时，更要始终坚持保护的原则，否则不仅会对当地的生态环境、文化环境等造成影响，更会影响旅游产业的成就发展，这显然违背了可持续发展的理论。

2. 效益综合性原则

乡村旅游产业具有经济、文化、社会、生态等综合性的效应，这是很多产业所不具备的特点，也是乡村大力发展旅游产业的一个原因。就乡村旅游产业的经济属性来看，经济效益最为突出，也最受人们关注，但经济只是一方面，我们不能只追求经济上的效益，只从经济的投入、产出评估旅游资源的开发，这样显然是片面的。一个地区的发展，经济只是一部分，社会、文化、生态等都会影响其整体发展，因此，应从宏观的角度，综合考虑乡村旅游资源开发的综合效益。另外，就旅游产业而言，其经济效益本身也受文化、社会、生态等多种因素的影响，当文化、社会、生态等因素产生正向的效益时，自然也会刺激经济效益的提高。因此，无论是从产业发展的微观视角看，还是从地区发展的宏观视角看，乡村旅游资源的开发都应该坚持效益综合性的原则。

3. 特色性原则

乡村旅游资源的特色性是其吸引人们的一个重要原因，这是乡村旅游的魅力所在。在开发乡村旅游资源时，要保持乡村旅游资源的特色性，展示乡村特有的风景和民俗，让游客体验乡村旅游的独特之处。当然，在开发乡村旅游资源时，出于某些特殊的原因，可以对乡村旅游资源进行适当的加工改造，但这种改造一定不能抹杀乡村旅游资源原有的特色，要在原有特色美的基础上进行科学、合理的人工改造，这样才能起到锦上添花的作用。

（二）乡村旅游资源开发的意义

1. 促进城乡文化的交流

由于历史、经济、生态环境等方面的不同，造就了城市文化与乡村文化的不同。生活在城市中的人，对乡村文化不甚了解，而生活在乡村的人对城市文化也不是十分了解。虽然随着社会的不断发展，城市文化与乡村文化开始出现碰撞，生活在城市与乡村中的人也开始对彼此的文化有了一定的了解，但这种了解更多地还停留在表面上。乡村旅游资源的开发，能够促进乡村旅游的发展，能够让更多生活在城市中的人进一步了解乡村文化；与此同时，生活在乡村中的人通过与前来旅游的人交流、沟通，也能够进一步了解城市文化。从乡村振兴战略可知，城乡融合发展是乡村发展的一个途径，而城乡文化的交流对推动城乡融合、推动乡村振兴无疑具有非常积极的意义。

2. 推动乡村经济的发展

正所谓经济基础决定上层建筑，就乡村而言，近些年虽然在一系列的政策支持下，乡村经济发展取得了不错的成果，但与城市相比，仍然有一定的差距，所以还需要进一步推动乡村经济的发展。乡村旅游资源的开发能够带动乡村旅游产业及其相关产业的发展，而这些产业的发展除了能够带动乡村经济的发展之外，还能够促进乡村劳动力就业，进而提高当地农民的经济收入。

3. 促进乡村文化的保护传承

关于乡村文化，笔者在前面做了系统的论述，这是乡村重要的旅游资源，通过合理开发这些资源，不仅能够促进当地旅游产业的发展，还能够借助旅游渠道向外传播当地的特色文化。就文化而言，价值是其存在的一个重要因素，在现代化社会中，乡村文化中的很多文化价值已经逐渐被人们淡化，这是造成乡村文化衰落，甚至消亡的一个重要原因，也是我们必须正视的一个原因。

而将乡村文化开发成旅游资源，能够直观地提升其价值，并且当这些乡村文化产生一定的影响力后，其内在价值也会被逐渐挖掘，这对乡村文化的保护与传承而言意义重大。

4. 带动乡村旅游产业及其相关产业的发展

乡村旅游资源是乡村旅游产业发展的重要资料，与城市旅游资源相比，乡村旅游资源没有科技属性，却拥有文化属性、民族属性，这些才是乡村旅游资源的特色，也是乡村旅游资源的魅力所在。但乡村旅游资源也存在开发难度大、开发周期长等缺点，这些都限制了乡村旅游产业的进一步发展。随着游客对乡村旅游热情的逐渐提高，市场需求被逐渐扩大，越来越多的乡村旅游资源将会被开发，进而带动乡村旅游产业及其相关产业的进一步发展。

（三）乡村旅游资源开发的基本流程

1. 进行全面且深入的调查研究

旅游资源开发是发展乡村旅游的基础，是否可以开发，应该怎样规划开发计划，这些都需要对旅游资源进行调查后才能够确认。因此，乡村旅游资源开发的第一步应该是对乡村旅游资源进行深入且全面的调查。调查前期可联合该地农业、林业、交通、旅游等部门获取相关的资料信息，从中挖掘有价值的信息。然后结合各部门提供的信息进行实地考察，包括对乡村旅游资源、文化、经济、社会环境等各方面的考察。在资料收集完后，对乡村旅游资源以及旅游项目进行分析、论证，确定旅游资源开发的可行性以及旅游项目成立的可行性。

2. 统筹规划

乡村旅游资源开发是一项需要做长期考量的工程，需要对乡村旅游资源做广度、关联度、组合度以及开发条件等综合性的考量，这就需要在开发前对乡村旅游资源做全面的统筹与规划。具体来说，乡村旅游资源开发前期的统筹规划主要包括旅游规划设计区的基本内容、旅游规划设计需要的技术资料和图文资料、旅游规划设计专家系统、旅游规划设计工作的主要内容、时间的安排、经费预算等。

3. 推进实施

在对旅游资源开发进行统筹规划之后，便可以按照规划推进实施，而在具体落实的过程中，主要从如下几方面着手：

（1）旅游项目建设

乡村旅游资源开发的首要目标是建立相应的旅游项目。旅游项目是促进乡村旅游发展的基础，也是吸引游客的关键所在。在旅游项目建设时要保持当地的文化特色，凸显当地的优势，制造不同类型的旅游产品，尽可能避免同质化现象的出现。

（2）基础设施建设

旅游是一项复杂的社会性活动，仅仅有旅游项目并不能对游客形成完全的吸引力，还需要较为完善的基础设施支撑。目前，在乡村振兴战略的指导下，乡村基础设施建设不断趋于完善，尤其在交通、通信等方面的建设，已经取得了不错的成效，这为乡村旅游的发展奠定了良好的基础。但就旅游而言，基础设施还包括吃、住、游等方面，这就需要发展旅游产业的乡村进一步加强吃、住、游等相关方面的基础设施建设，从而为游客提供良好的旅游体验。

（3）科学的管理

科学的管理是确保乡村旅游资源开发规划精确落实的关键。在乡村旅游资源开发的过程中，有时会出现具体落实与规划不匹配的情况，进而导致旅游资源开发以及后续旅游产业的发展没能达到预期的效果。因此，为了避免具体实施过程中出现越位操作、过度开发情况的出现，必须进行科学的管理，保证开发人员严格按照规划落实。

二、不同类型乡村旅游资源的开发

（一）乡村山地旅游资源的开发

1. 乡村山地旅游资源开发的模式

就国内乡村山地旅游资源开发的模式来看，依据不同的标准，有不同的开发模式。

（1）研究山地旅游目的地的不同

依据山地旅游目的地的不同，可分为一般自然风景区山地旅游和历史风景名山山地旅游。一般自然风景区山地通常没有深厚的历史文化底蕴，却具有丰富的山地旅游资源，其优美的山地生态环境对游客而言具有非常大的吸引力，所以该种类型旅游资源的开发一定要注重山地的生态环境，不能对山地生态环境造成危害，确保可持续发展。历史风景名山除了具有良好的山地生态环境之外，还具有深厚的历史文化内涵。对深受传统文化影响的中国人而言，这些深厚的历史文化内涵是一种精神和文化的象征，所以历史风景名山山地旅游也可以看作一种文化旅游。

（2）依据山地旅游活动类型的不同

依据山地旅游活动类型的不同，可分为山地观光、山地观光和生态休闲相结合两种形式。山地观光是传统的山地旅游形式，以观光游览为主要内容，这种旅游模式的参与性和休闲性较少，旅游资源的开发主要围绕山地资源，很少站在游客的角度进行思考。而山地观光和生态休闲相结合的形式则在考虑山地资源的同时，也考虑到了游客的旅游体验，为了让游客获得更好的旅游体验，除了观光项目之外，还增加了一些休闲项目，让游客在"游"与"玩"的结合中得到更好的旅游体验。

2. 乡村山地旅游资源开发策略

从我国当前乡村山地旅游资源开发的实例来看，有些乡村山地旅游资源虽然取得了成功，在保持生态平衡的基础上带动了当地经济的发展，但也存在一些山地旅游资源过度开发影响生态环境的例子。因此，为了实现山地旅游资源可持续发展，提出如下几点建议。

（1）尊重自然规律

在我国农业发展的几千年时间里，认识自然规律、尊重自然规律是我们始终遵循的原则。在现代化社会中，虽然人类的科学技术在不断发展和进步，但尊重自然规律这一原则不能改变。在乡村山地旅游资源开发中，同样要尊重自然规律，根据山地的地理环境与生态区位，因势利导，保护性地进行开发，尤其对一些生态环境脆弱的地区，小小的改造都有可能对生态环境造成破坏，这不仅不利于旅游产业的可持续发展，甚至还会因此诱发不可挽回的损失。因此，在乡村山地旅游资源的开发中，要充分认识并尊重自然规律，构造人与自然和谐相处的环境。

（2）多角度进行开发

山地旅游资源的美是多层次、多角度的，山地旅游资源的开发要认识到这一点，从多个角度对乡村山地旅游进行开发，从不同的层面向游客展示当地山地资源的美，从而提升对游客的吸引力。然而，就目前乡村山地旅游资源开发的现状来看，很多地方都没有认识到这一点，旅游资源开发模式单一，这样不仅造成了资源的浪费，还降低了对游客的吸引力，不利于当地旅游产业的发展。事实上，就山地而言，其景观变化多端，在不同季节、不同时段，其景观呈现的样貌可能天差地别，如果能够将这些向游客呈现出来，必然能够收到不错的效果。例如，浙江雁荡山灵峰的夜景，其朦胧之美妙不可言，该景区对其夜景进行了开发，并将其打造成雁荡山的三绝之首，为游客津津乐道。

（3）自然人文价值融合发展

由于受传统山水文化的影响，人们对山地不自觉地会形成一种心理定式的观赏习惯，如"天人合一"的思想观念、含蓄隐藏式的心理倾向等。此外，有些山地也存在一些历史文化古迹，这些古迹更增加了山地的历史文化底蕴。因此，在开发乡村山地旅游资源时，要注重将其自然价值和人文价值结合起来，让游客在游玩的过程中，同时感受到自然的生态美以及人文的底蕴美。

（4）合理设计旅游线路

有些地区的山地旅游资源较少，在设计旅游线路时，可以将所有的资源规划到一条线路中，游客通过一条线路便可以观赏到该景区的全部景观。但有些地区的山地旅游资源非常丰富，一条线路不能将全部的资源囊括在内，这时就需要结合旅游资源设计多条旅游线路。不同的游客有着不同的旅游需求，为了满足游客的旅游需求，在设计路线时应突出不同路线的特点，让游客结合自身需求选择自己喜欢的路线。

（二）乡村古村落旅游资源的开发

1. 乡村古村落旅游资源开发模式

目前，我国乡村古村落旅游资源开发模式依据开发主体的不同分为政府主导型、社区主导型、企业主导型和混合开发型四种模式。

（1）政府主导型

政府主导型开发模式是由政府投资开发，因为很多古村落知名度较低、基础设施建设较为落后，企业不愿意投入资金，所以只能由政府主导进行前期的开发工作。在该模式中，政府发挥主导作用，指导相关工作的落实，并予以监督，保证乡村旅游资源开发工作科学有序进行。

（2）社区主导型

社区主导型开发模式是由古村落的村民与村委会自筹资金、自主开发。在该模式中，乡村自主设立旅游公司，公司负责旅游资源开发、旅游宣传、设施维护等一系列的工作，村民共同分配集体收入。

（3）企业主导型

企业主导型开发模式是由某个企业或多个企业投资开发，企业负责旅游资源开发、旅游宣传、设施维护等一系列的工作。该种模式一般采用租赁经营的形式，企业租赁古村落的旅游资源，然后付给村民租赁费用，或者采用收入分成的形式。

（4）混合开发型

混合开发型模式表现为政府、企业、村民共同参与其中，政府负责制度设计、政策支持和市场监督，企业负责资金投入和后续的开发、建设工作，村民参与经营。这种混合开发型的模式综合了上述几种开发模式的优点，是当前及今后应大力提倡的开发模式。

2. 乡村古村落旅游资源开发策略

古村落是乡村旅游中的重要旅游资源，具有深厚的历史底蕴与文化底蕴，如何在保持其文化底蕴和历史底蕴的基础上开发该旅游资源，是需要着重思考的一点。

（1）维持古村落原始风貌，进行适当修缮

古村落的原始风貌能够反映该乡村的历史底蕴，在进行开发时，应尽可能维持古村落的原始风貌，这样能够为游客呈现最真实的古村落景观。当然，基于种种原因，一些传统建筑已经有不同程度的破损，需要对其进行适当的修缮。在修缮时，需要对村落的古建筑进行摸底调查，了解现存古建筑的保存情况，包括破损程度、修缮需要的工作量等，然后聘请专业的建筑单位制订详细的修缮计划，最后在尽可能保持传统建筑原貌的基础上进行适当的修缮。

（2）发挥传统民俗价值，强化古村落文化内涵

古村落具有历史价值和文化内涵，其文化价值不仅通过古建筑本身呈现，还通过当地的民俗文化呈现。就古村落而言，如果传统民俗文化消逝，那么存留下的古建筑只能是没有软文化的空壳，其对游客的吸引力必将大大降低。因此，在开发古村落旅游资源时，不能只关注"死"的传统建筑，还需要关注"活"的传统民俗，以此强化古村落的文化内涵。

（3）充分利用古村落自然环境资源，营造自然和谐氛围

很多传统古村落在选址及其布局上彰显了"天人合一"的传统价值观，虽然随着时间的流逝，古村落的自然环境在不断改变，但我们仍然能够从古村落的自然环境中看到前人智慧的痕迹。因此，在开发乡村古村落旅游资源时，应充分利用古村落的自然环境资源，营造自然和谐的氛围，从而将古村落旅游与生态旅游融为一体。

（4）统筹古村落与新村的建设工作，构建完善的旅游体系

古村落的开发应以保护为前提，且为了维持古村落的原貌，古村落很少会进行基础设施建设，所以古村落并不能作为服务游客的场所。如今，很多古村落采取古村落与新村共生的模式，即利用古村落吸引游客，用新村较为完善的基础设施建设服务游客，这样既可以满足发展旅游业的需求，又可以达到保护古村落的目的，可谓一举两得。

（三）乡村民俗文化旅游资源的开发

1. 乡村民俗文化旅游资源开发模式

针对乡村民俗文化旅游资源的开发，目前我国主要有如下两种模式。

（1）直接利用当地民俗文化资源进行开发

该类开发模式依托当地的民俗文化，不改变原有居民的生活轨迹，游客可以直接进入乡村内，直观地体验当地的民俗文化，获得最为真实的文化体验。民族文化生态村不是一座人工建设的文化展馆和设施，而是以现实社会中具有浓厚的文化沉积和浓郁文化色彩的典型社区或乡村为对象的文化保护展示区，即文化生态村必须是现实存在的活文化与孕育产生此文化的生态环境的结合体，它一改以往使文化脱离原生地的保护方式，而实行彻底的文化原生地保护主义。

（2）建设民俗文化村集中呈现

该种开发模式是将民俗文化集中到一个新建的旅游景区内，景区通过展示民间手工艺、民俗风情表演等多角度地向游客展示传统民俗文化，让游客在短时间内便可以充分感受到民俗文化与民俗风情。例如，建于深圳的中国民俗文化村便是一个荟萃各族民俗文化的大型文化旅游景区，该景区内含有 27 个民族与 27 个村寨，均按照 1∶1 的比例建成，较为完整地呈现了各民族的民俗文化。

2. 乡村民俗文化旅游资源开发策略

民俗文化作为重要且独具特色的旅游资源，在开发时应着重思考如下几点：

（1）做好全面、系统的评估

民俗文化不同于其他旅游资源，具有深厚的文化属性，开发前应做好全面、系统的评估，合理开发、充分利用。第一，需要对民俗文化的旅游价值进行评估，民俗文化作为旅游资源被开发，首先要评估其旅游价值，即能否为旅游产业的发展带来综合性的效益。第二，需要对民俗文化的旅游市场进行评估，即对游客的类型、游客的来源、游客的消费水平、周围与之相配套的旅游资源等进行分析，市场需求是民俗文化旅游资源开发的一个重要的着眼点。

（2）遵循原生态的开发原则

原生态的民俗文化才能彰显当地文化的特色，也才能对游客产生较强的吸引力，尤其在文化旅游趋于同质化的今天，如何发挥当地旅游资源的特色，是旅游资源开发时需要考虑的问题。显然，遵循原生态的开发原则，将当地的民俗文化原汁原味地呈现给游客，是彰显当地文化特色的重要途径。

（3）坚持可持续发展

坚持可持续发展，不仅要将民俗文化作为旅游资源进行开发，更要将民俗文化作为文化资源进行保护和传承。民俗文化是乡村文化的集中体现，在长时间的发展中，已经融入乡村人们的生产生活之中，它是一种"活"的文化，是一种需要保护和传承的文化。开发民俗文化时不能将其当作一种"死"的文化，仅仅将其生硬地展示给游客，这样既不利于民俗文化的保护与传承，又不符合可持续发展的理念。因此，在开发民俗文化时，要进一步弘扬民俗文化，让更多居民加入民俗文化保护与传承的队伍中，从而使民俗文化旅游在民俗文化的持续传承中实现可持续发展。

（四）乡村农业旅游资源的开发

1. 乡村农业旅游资源开发模式

以农业作为旅游资源是目前乡村旅游模式中较为常见的一种，因为农业资源是乡村最基本的资源，也是大多数乡村所具备的资源。目前，我国针对乡村农业旅游资源开发的模式主要有如下两种。

（1）生态农业园开发模式

生态农业园不同于传统的农业园地，其建设是基于生态、环保的绿色理念，在发展上遵循生态价值与社会价值相融合。生态农业园在注重农业产品生产的同时，也注重给参观人员带去休闲观光的旅游享受。

（2）主题农业园开发模式

主题农业园借鉴的是主题公园的建设理念，突出的是"主题"二字。与生态农业园不同，生态农业园突出的农业生态的整体性，而主题农业园突出的是农业的某一个主题。比如，蔬菜主题农业园，里面的农作物主要为蔬菜，可以规划蔬菜观赏区、蔬菜种植体验区和蔬菜文化区三个区域。在蔬菜观赏区种植各种类型的蔬菜，在蔬菜体验区可以体验蔬菜种植、采摘，在蔬菜文化区介绍蔬菜的发展历史。主题农业园不仅能够为游客带来视觉上的盛宴，还可以给游客带来亲身体验，并增长见识，其深受游客的喜爱。

2. 乡村农业旅游资源开发策略

（1）突出农产品的绿色生态

农产品是重要的农业旅游资源之一，在农业旅游中，采摘农产品是农业旅游中的一项休闲体验方式。对游客而言，绿色农产品具有非常强的吸引力，如果在开发农业旅游资源时，能够突出农产品的绿色生态性，无疑能够满足游客对绿色农产品的需求。试想，游客在休闲旅游中，能够自己采摘农产品，并品尝自己采摘的农产品，其体验感将远远超过传统的农业观光旅游，再加上绿色农产品对心理上的满足，其体验感将会进一步提升。

（2）始终以农产品为基础

农业旅游是以农业生产为基础，为其附加了休闲旅游的价值，从而使农业生产的综合收益得以提高。在农业旅游中，农业生产是基础，而农业生产的基础是农产品，没有农产品，农业生产只是一个空壳，也就无法发挥其价值。无论是传统的农业观光旅游，还是新兴的农业体验旅游，都是围绕农产品展开的。因此，在开发农业旅游资源时，不能忽视了农产品这一基础资源而去舍本求末，这样反而会失去农业旅游的本色。

（3）充分发挥农业旅游资源的丰富性

我国几千年的农业发展历史形成的农耕文化可谓丰富多彩。就农业旅游的资源来说，有种植业资源、畜牧业资源、林业资源、渔业资源等，而且每一类资源的品种也非常多，这就为农业旅游的发展提供了丰富的旅游资源。另外，就农业旅游的服务形式来讲，有观赏型、购物型、体验型、娱乐型等，开发农业旅游资源时，可以某种形式为主，也可将几种形式融合起来，以此凸显农业旅游的丰富多彩。

第三节　乡村旅游资源的保护

一、乡村旅游资源开发与保护的辩证关系

（一）开发与保护相互联系、相互依存的关系

在保护性开发中，保护在前，开发是为了更好地保护，任何开发行为都不能以破坏为前提，否则便违背了保护性开发的初衷。另外，旅游产业追求的是可持续发展，破坏性地开发显然不能满足可持续发展的要求，因此必然要以保护为前提。

但是，当我们把"开发"与"保护"看作两个动词时，则是开发在前（是前提），保护在后（是目的），因为只有开发，才能凸显资源的价值，也才能使资源得到更好的保护。以乡村旅游资源中的乡村文化为例，价值是其存在的一个重要因素。在现代化社会中，乡村文化中的很多文化的价值已经逐渐被人们淡化，这也是造成乡村文化衰落甚至消失的一个重要原因。而将乡村文化开发成旅游资源能够直观地提升其价值，并且当这些乡村文化产生一定的影响力后，其内在价值也会被逐渐挖掘，这无疑有助于乡村文化的保护。

总而言之，保护乡村旅游资源是我们必须坚持的原则，但在具体的落实中，我们不能只推崇博物馆式的保护方式，还需要结合开发的方式，因为开发也是保护的一种途径，二者并不是对立的，而是相互联系、相互依存的关系。

（二）开发与保护相互矛盾的关系

开发与保护在相互联系、相互依存的同时，又是相互矛盾的。就乡村旅游资源的开发

而言，开发不可避免地会对其造成某种程度的破坏，尤其对一些原始的生态环境而言，开发便代表着外力的介入，当外力介入之后，必然会打破原有的生态平衡，进而对原生态环境造成破坏。此外，伴随乡村旅游资源的开发而发展起来的旅游产业会吸引大量的游客，而游客的不文明行为，如乱丢垃圾、乱画乱刻等，会对当地的生态环境造成破坏。与此同时，游客带来的文化也会对当地的民俗文化造成冲击，这也会破坏当地旅游资源。为了避免上述情况的出现，可以采取更多的保护措施，但过度的保护无疑会妨碍开发，因为乡村旅游资源的开发除了要考虑资源本身之外，还应该考虑市场，这就不可避免地会与资源保护产生矛盾。

综上所述，乡村旅游资源的开发与保护之间的关系是复杂的，我们不能简单地用二元对立的关系去看待它们，而是应该辩证地看待二者的关系，只有正确认识这种关系，才能更好地开发和保护乡村旅游资源。

二、乡村旅游资源遭受破坏的原因

要想有效地保护乡村旅游资源，首先要对乡村旅游资源遭受破坏的原因有一个清楚的认知。虽然造成我国乡村旅游资源破坏的原因是复杂的，但概括而言，可以归纳为自然与人为两大因素。

（一）自然因素

由于自然因素导致乡村旅游资源遭受破坏的情况并不少见，其中较为常见的情况有如下几种：

1. 自然灾害

自然灾害是人类赖以生存的自然界中所发生的异常现象，分为突发性灾害，如地震、洪涝、泥石流等；渐变性灾害，如干旱、地面沉降、土地沙漠化、海岸线变化等。渐变性自然灾害因为发生周期较长，我们可以通过人工进行干预，从而最大限度地降低其危害程度；而突发性自然灾害因为难以预测，发生时往往会对乡村旅游资源造成较大的破坏，有时甚至会造成毁灭性的破坏。比如，一旦发生级数较高的地震，便极有可能破坏乡村的古建筑与生态环境，从而使乡村旅游资源遭受重大破坏。

2. 生物性破坏

生物性破坏在农业旅游资源中较为常见，即农、林、牧、渔等旅游资源遭受害虫的破坏。农业旅游依赖农、林、牧、渔等资源，但这些资源容易受到害虫的破坏。比如，以森林草原为主要旅游资源的西北部地区常年发生鼠害，这对当地的畜牧业以及依靠畜牧业发展的旅游业造成了严重的影响。生物性破坏还体现在动物对历史建筑物的损害上，虽然并不常见，但偶有发生。例如，"国家级历史文化名村"山头下村的一些古建筑曾遭受白蚁大面积侵蚀，对古建筑的安全构成了极大的威胁。对于生物性破坏的预防，我们能够人为进行干预，尤其随着科学技术的不断发展，一些防治虫害的高科技手段不断涌现，这为乡村旅游资源的保护提供了科学技术支持。

（二）人为因素

相较于自然因素而言，人为因素更值得引起我们的关注：一是人为因素是造成乡村旅游资源遭受破坏的主要因素；二是人为因素造成的破坏可以通过一些措施去干预。人为因素是复杂的，其中较为明显的有如下几种：

1. 开发因素

随着乡村旅游的热度不断上升，越来越多的乡村旅游资源被开发，而在开发的过程中，很多开发者对开发和保护的关系没有一个深刻的认知，盲目地进行开发，或者进行过度的开发，导致乡村旅游资源被破坏。从上文笔者对开发与保护关系的论述中可知，开发并不是独立的行为，它应该和保护紧密地联系到一起，但很多时候，开发者并没有认识到这一点，仅仅是为了开发而开发，这是导致乡村旅游资源遭受破坏的一个重要原因。此外，有些开发者在开发本地旅游资源时，一味地跟风模仿，抹去了当地旅游资源的特色，这给乡村旅游资源带来了质的破坏。

2. 旅游活动因素

旅游活动因素包括游客的活动和经营者的活动。随着旅游资源的开发，游客的数量也会不断增加，大量的游客活动不可避免地会对旅游资源造成影响，再加上有些游客环保意识较差，在游玩的过程中常常会出现乱丢垃圾、乱写乱刻等情况，进而加重了游客活动对旅游资源的破坏。而景区的经营者为了满足游客吃、住、玩等方面的需求，需要建设酒店、饭店等接待设施，这些设施会产生大量的生活垃圾和生活污水，如果处理不当，必然会对生态环境造成影响。旅游活动的产生是一种必然，一些对旅游资源造成危害的因素我们也很难避免，但通过采取一定的措施，我们可以将大部分因素带来的危害降到最低，甚至消除。

3. 城市化因素

城市化因素的影响体现在两个方面。一方面，在城市化建设的理念下，为了满足城市化建设的需求，一些村落被迫迁移，但村落的迁移并非易事，那些不易迁移的古建筑最终只能面临被拆掉的命运。在现代社会中，城市化建设是一种必然，我们无法简单地对城市化建设中拆除古建筑这一现象下一个是非对错的定论，但古村落传统建筑作为保存了几十年甚至数百年的历史遗存，如何在时代的浪潮下为其提供更加全面的保护是我们应该思考的问题。另一方面，随着城市化进程的不断加快，城市文化的影响力也在不断扩大，甚至渗透到乡村中，这对传承了几百年，甚至数千年的乡村文化产生了巨大的冲击。的确，在城市化浪潮的冲击下，以土地为依赖、以农村生产方式为支撑、以血缘地缘关系为经纬的传统乡村社会面临解构。人们不再主要依靠土地和农业生产经营来维持生计，再加上人口流动和职业分化，乡村空心化现象越来越严重。总之，乡村肌理的慢慢褪去与乡村空心化时刻在提醒着我们城市化可能会给乡村旅游资源带来质的破坏。

三、乡村旅游资源保护的具体策略

乡村旅游资源对乡村旅游产业、乡村经济发展起着重要的作用，同时影响着乡村整体的生态环境。加强对乡村旅游资源的保护，不仅有助于实现乡村旅游的可持续发展，还有助于保护乡村的生态环境，促进乡村振兴。

（一）做好乡村旅游资源开发阶段的工作

开发是导致乡村旅游资源遭受破坏的一个重要因素，但通过笔者前文对资源开发与保护关系的论述可知，虽然开发不可避免地会对旅游资源造成破坏，但开发同时是保护旅游资源的一个有效途径，所以如何在开发阶段最大限度地减少开发对乡村旅游资源的影响是至关重要的一点。

首先，应加强乡村旅游资源开发的前期论证工作，包括资源开发可行性的论证、旅游市场论证。乡村旅游资源开发可行性的论证是基础，如果论证结果为不可行，那么便不能强行地进行开发；旅游市场论证是为了保证乡村旅游资源的价值得到更加有效的利用。总之，乡村旅游资源的开发不能是盲目的，需要在开发前期进行充分的论证，避免无序、不科学开发带来资源的破坏。

其次，做好乡村旅游资源开发前的科学规划与合理布局。在对乡村旅游资源进行充分的论证后，还需要对要开发的区域进行科学规划与合理布局。科学的规划可以减少乡村旅游资源开发的盲目性，降低资源的闲置率，并减少由于盲目开发导致的资源破坏。合理布局则可使现有资源得到最大限度的利用，如通过设计旅游线路，将该区域内大部分的旅游资源囊括到该线路中，让游客花费较少的时间便可以得到较好的旅游体验。

最后，加强乡村旅游资源开发阶段的监管工作。在乡村旅游资源开发的过程中，有些企业因为不合理的施工，导致旅游资源被破坏。其实，这些破坏完全是可以避免的，但在缺乏监管的情况下，企业为了节省成本，常常会采取一些不科学的手段。因此，还需要加强对乡村旅游资源开发阶段的监管工作，避免出现因为不合理施工而导致旅游资源被破坏的情况。

（二）强化乡村旅游资源保护的立法工作

强化乡村旅游资源保护的立法工作就是要用法治的手段规范旅游管理者、旅游经营者和游客的行为。就环境保护而言，虽然我们提倡用素质约束，即以提高社会大众的环保意识为主，但法治依旧不可或缺。

文明建设，促进经济社会可持续发展。《中华人民共和国环境保护法》是从宏观角度针对环境保护制定的法律，具体到旅游资源保护上，则有《中华人民共和国草原法》《中华人民共和国森林法》《风景名胜区管理条例》等法律法规。其中，《风景名胜区管理条例》在自然旅游资源的保护上发挥了重要的作用。当然，上述法律法规并没有具体到某些地方，所以针对乡村旅游资源保护的具体工作，还需要不同地区结合当地的实际情况制定更为具体的法规。

（三）提升社会大众的环保意识

随着大众生活水平的不断提高，人们对精神文化的需求愈加凸显，而旅游作为一项可以满足社会大众精神文化需求的社会性活动，备受社会大众的喜爱。但是，就目前社会大众的环保意识来看，仍旧较为薄弱，这也是导致乡村旅游资源遭受破坏的一个重要原因，所以面对人们不断高涨的旅游热情，提高社会大众的环保意识就显得刻不容缓。

一方面，应加强环保宣传教育，提升社会大众对环保的认知。环保意识的提升源于对环保的认知，然而，目前很多人对环保都是一知半解，没有认识到环保的重要性，也没有认识到环保与自身的关系。因此，应从普及环保知识着手，加强环保宣传教育，如通过电视、广播、互联网等多个渠道，广泛普及环境保护知识，大力宣传生态环境恶化对人类的危害，让人们逐渐认识到环保的重要性和紧迫性，并逐步实现从被动环保到主动环保的转变。

另一方面，应加强环保政策教育，提升社会大众的环保法治意识。强化旅游资源保护的立法工作是为了从立法角度规范社会大众的旅游活动，相关法律法规约束的主体是社会大众，社会大众只有对法律法规有一个清晰的认知，才能更好地遵守。然而，目前很多人对环境保护相关法律的认识多是一知半解，这使环保相关法律的效用大大降低，因此，要结合当地居民环保法律认知现状，采取贴近民众、符合实际的方式，向社会大众宣传环保相关的法律法规，从而在全社会营造浓厚的环保法治氛围。

游客是旅游活动的主要参与者，游客的旅游活动对乡村旅游资源产生的影响是不可避免的，但我们可以通过提升社会大众的环保意识，将游客活动对乡村旅游资源造成的影响降到最低，从而在每一位游客积极的行为下实现对乡村旅游资源的保护。

（四）加强对旅游活动的监管

旅游活动的监管主要是面向旅游经营者，即约束旅游经营者的行为，最大限度降低旅游经营者对乡村旅游资源的危害。旅游经营者对乡村旅游资源造成的危害，如酒店、饭店不按照规定排放生活污水，不将生活垃圾放置到指定地点等，这些行为多是旅游经营者为了降低经营成本所致，但这些行为对旅游资源造成的危害却是巨大的，所以要加强相关方面的监督，严格要求旅游经营者将生活垃圾放置到指定地点，并将生活污水处理达标后再进行排放。此外，有些景区为了提高门票收入，不限制景区旅游人数，大量游客的涌入超出了景区承受的限度，导致各景点超负荷运转，最终对旅游资源造成了永久性的危害。针对这种行为，同样要加以监管，限制景区人数，让景区内的旅游资源得到修复的机会，同时辅以人工措施，加快旅游资源的恢复进程。

第五章 乡村旅游产品营销、产业发展及投资管理

第一节 新时代乡村旅游产品开发与营销策略

一、乡村旅游产品及开发原则

（一）乡村旅游产品

1. 乡村旅游产品的概念

在旅游需求一方看来，旅游产品乃是旅游者为了获得物质和精神上的满足，通过花费一定的货币、时间和精力所获得的一次旅游经历；就旅游供给而言，旅游产品是指旅游经营者为了满足旅游者在旅游活动中的各种需要，凭借各种旅游设备设施和环境条件向旅游市场提供的全部服务要素之总和。乡村旅游产品的定义如下：在旅游需求一方看来，乡村旅游产品乃是旅游者为了获得物质和精神上的满足通过花费一定的货币、时间和精力所获得的一次乡村性旅游经历。

目前，人类社会已经进入体验经济时代。在旅游业中，旅游体验表现得淋漓尽致，旅游产品作为一种高级的、享受型的、体验型的产品形式，能从各个方面来满足游客的精神和心理需求，使游客产生美好的体验与记忆。在体验经济时代，从旅游需求一方来看，乡村旅游产品乃是旅游者为了获得物质和精神上的满足通过花费一定的货币、时间和精力所获得的一次旅游体验。从这种意义上，乡村旅游产品的类型可以划分为休闲度假型旅游产品、观光旅游型产品、生活体验型旅游产品、康体保健型旅游产品、娱乐型旅游产品、探险型旅游产品、节事参与型旅游产品、修学科考型旅游产品、购物应用型旅游产品。

2. 乡村旅游产品的内涵

乡村旅游产品是旅游经营者为了满足旅游者旅游活动中的各种需要向旅游市场提供的全部服务要素之总和，是旅游者为了获得物质和精神上的满足通过花费一定的货币、时间

和精力所获得的一次旅游体验。其内涵指向有以下几方面：

（1）乡村性

乡村性是乡村旅游产品的核心内容与根本特征，乡村旅游产品正是以这种淳朴而浓郁的乡土气息来吸引游客的。乡村性主要表现在资源具有明显的乡土性和旅游活动具有浓郁的乡情性。例如，如诗如画的田园风光、古色古香的乡土民居、原始古朴的劳作形式，原始的自然环境和纯真的民俗风情和文化景观，散发出浓郁的乡土气息是原生的、天然的、原汁原味的，而不是伪造和模仿的产品。或与农家朋友漫步于田间小道，或与他们一起种植、采摘、载歌载舞，这些活动都蕴含着浓浓的乡情。

（2）产品的差异性

旅游体验的差异性又叫主观性、个体性。游客希望参与到食、住、行、游、购、娱的旅游活动六大要素中，来领会、体验和感受乡村生活和社会氛围。这就需要乡村旅游产品在质量、形式、特征、品牌、包装等方面有着差异性，以满足不同游客的体验需求，也反映了社会文化、人们生活的价值趋向与精神向往的发展趋势，反映了人们热衷于从事回归自然的生态旅游活动，这是乡村旅游产品所包含的时代内涵。

（3）教育冶情性

乡村淳朴的传统美德及生产生活具有天然的教育和冶情功能。乡村旅游产品能够给旅游者带来愉悦、快乐、兴奋、轻松和幸福的各种心理感受，能够启迪人心灵，陶冶情操，增加审美情趣，提高文化素养，体验人与自然的和谐。比如在与民同耕的参与性产品中可以体验到乡民"锄禾日当午，汗滴禾下土"的艰辛，同时增强旅游者对人类生产劳动的体认，对现代生活的重新认知。同时，乡村地质地貌旅游产品在科学上具有研究价值，适合开发成科学考察或探险专项旅游项目，满足旅游者求知的需要。

（4）脆弱性

乡村旅游产品的脆弱性表现在因战争、恐怖事件、自然灾害、环境污染使得旅游资源、旅游接待设施和道路交通等基础设施遭到毁坏；旅游地形象受损，旅游者数量减少，旅游收入减少，造成从业人员的流失；企业的非直接营利性工作因资金不足而停滞不前，导致旅游业陷入停滞状态。乡村旅游产品，对自然与文化环境的变化更为敏感。

（5）经济性

乡村旅游产品与一般商品一样，具有一般商品所具有的基本属性，是价值与使用价值的统一。旅游产品的价值表现在旅游产品具有生产成本，在开发旅游产品时，需要投入大量的人力、物力、财力。旅游产品的使用价值表现在旅游产品使用价值的多效用性，能满足旅游者物质生活和精神生活的多种需要。另外表现在旅游产品使用价值的重复性，即旅游产品可以供许多旅游者同时使用。

（二）乡村旅游产品开发原则

乡村旅游开发是一项科学性的技术经济活动，应在一定的开发原则指导下，经过充分论证，进行开发设计。乡村旅游开发应遵循以下原则：

1. 因地制宜原则

乡村旅游产品开发不能跟风模仿，移花接木，或造假欺世，应就地取材，发掘本地区的乡村旅游资源，展现当地的乡村生活。要因地制宜充分利用本地区的优势和独特条件创造性地开发新的、有特色的乡村旅游产品。充分考虑自然生态条件、区位优势、投入能力、市场容量与环境承载能力等因素，合理地开发利用乡村旅游资源。比如依托渔业产业基地和渔业资源，为游客提供观光、垂钓、游乐等项目的特色产业型休闲观光渔业。依托当地特色的渔村文化、农耕文化、人文资源、自然景观，为游客提供海洋历史文化特色、原汁原味的渔村风情风俗、访古、摄影、创作、探险、避暑等休闲项目的自然人文景观型休闲观光渔业。依托各类大中型渔产品集散市场、渔港经济区及渔产品加工园区等，以"寓销于游，游中促销"为主要内容的贸易型休闲观光渔业。依托原生态的渔（农）村落、岛屿、礁石、港湾、滩涂、果园、山林、田野等自然风光，让游客感受海岛渔村景致、体验渔民生活，满足于回归自然及以观海景、尝海鲜、购海货、钓海鱼、踏海滩、玩海水等为主要内容的海岛风情型休闲观光渔业。利用渔区的渔船、渔业设备和专业渔民的技能以及渔港、渔业设施和条件，让游客直接参与张网、拖虾、海钓等形式的近海传统小型捕捞作业，跟渔民一起坐渔船、拔渔网、住渔家、当渔民，亲自体验渔民生活、享受渔捕乐趣、领略渔村风情的生活体验型休闲观光农业。利用新鲜丰富的海产品和农林特产品，以品尝渔家海鲜菜肴为主要特点的特色餐饮型休闲观光渔业。利用自然资源和人工开发建设，集休闲、度假、观光、娱乐、科普、餐饮等为一体的综合型休闲观光农业。借助著名的风景名胜区、连岛大桥、中心渔港、文物古迹、名人故居，开发民居食宿、渔农村休闲型的特色旅游项目。

2. 可持续发展原则

乡村旅游产品开发要注重乡村生态环境的保护与改善，才能实现生态的可持续发展。生态的可持续化要求乡村旅游产品的开发不能超越自然环境的可承载力，乡村旅游发展的同时必须保护和改善地球生态环境，保证以可持续的方式使用自然资源与环境成本，强调了限制发展。旅游产品的开发是在不破坏乡村生态旅游资源及自然环境和人文环境的承载力范围而开发的，这个承载力范围包括短期环境的承载力和长期环境的承载力。短期环境的承载力要求我们不能以牺牲目前的环境资源来追求片面的经济效益；长期环境的承载力要求我们不能以牺牲后代可享用的环境资源来追求眼前的经济效益而破坏了环境效益和资源效益。这就要求我们在乡村旅游产品开发中要控制旅游活动强度与游客的进入数量以及有保护性地开发。

乡村旅游产品开发，必须保持与环境、资源的和谐统一，要开发出原汁原味的乡村旅游产品，不是经过加工包装的，损坏了原有旅游产品的生态价值。应与当地的生态环境相协调，要与基本生态进程、生物的多样性和生态资源的维护协调相一致。乡村旅游地的乡村建设应体现生态化思想，尽量避免人工雕琢的痕迹，注重循环利用和节约能源、遵循绿色建筑设计原则。如选用木材、树皮、毛竹、泥土、石头、石灰等来建造，这些建筑材料必须经过检验处理，以确保无毒无害。这些材料都具有隔热功能，有利于供暖、供热水一体化，以提高热效率和充分节能。以使用太阳能、风能、沼气等再生能源为主，达到既减少污染又节能的目的。安装废水循环装置，用洗澡水等来冲洗厕所，始终保持良好的室内外环境。

旅游资源是大自然和人类留给我们最宝贵的遗产，一般具有较高的科学价值、美学价值、历史文化价值等，但同时这些资源又都具有脆弱性，易遭到破坏，破坏后无法恢复的不可逆性。旅游产品的整体性决定了旅游产品的开发应根据旅游产业食、住、行、游、购、娱六大要素配套发展的要求开发旅游产品。任何产业要素的短缺或形成瓶颈，都会直接影响到旅游产品的质量。因此，在乡村旅游产品开发过程中，对有些容易受到游客破坏的产品要实现"保护第一，开发第二"的原则，要从积极的保护观念出发，以旅游开发来促进保护，形成一种良性的循环机制。如果在旅游产品开发的过程中，不注重对资源的保护，不加强对乡村生态环境的保护和建设，急功近利，目光短浅，就会给乡村旅游的发展带来致命打击。

3. 美学原则

人类的审美活动是人类一切活动中最基本的活动之一。对美的追求是人类一种永恒的追求。旅游从本质上讲，实际上就是一种审美过程。旅游活动作为人们精神生活的一部分，是游览性与观赏性的审美活动，是自我实现与自我完善、潜移默化的情感过程，是陶冶情操、修身养性的过程，是自然美、形式美与社会美、艺术美的统一。旅游审美追求的是"天、地、人"合一的理想审美情境，其目标是创造人与自然的和谐。在乡村旅游产品开发过程中，要综合考虑旅游者的审美心理要素和旅游审美态度，把握旅游者的感知、想象、理解和情感。在审美过程中，感知因素通常起着先导作用，它是审美知觉的出发点。想象可以使旅游审美充分发挥作用，使旅游景观更加丰富多彩，可以使旅游产品品位升华。情感是人们对客观世界的一种特殊的反映形式，是人们对客观事物是否符合自己需要的态度和体验。对审美形象内容的理解，是进行审美的不可缺少的环节。在乡村旅游产品开发中要通过在物质的东西中增添精神层面的东西，带动旅游运作系统对自身功利性进行超越，最终使旅游者体会到旅游提供的不仅是使用价值和生活需要的低层次满足，而是带给人们更高的精神层面满足的审美享受。乡村旅游产品的开发最终目的是实现旅游者对乡村旅游资源进行美学意义上的感知、体验、认同和联想，从而得到感官上、情绪上和心灵上愉悦和满足的过程，使得自然旅游资源形成的产品具有形态美特征、色彩美特征、动态美特征、综合美特征，人文旅游资源形成的产品具有历史性特征、文化性特征、特殊性特征和愉悦性特征。

4. 文化导向原则

旅游本身是一种文化交流活动，旅游文化是旅游业的灵魂，乡村旅游不仅能满足旅游者的一般的观光旅游的需求，更能满足旅游者的"故乡情结""怀旧心态""回归自然愿望"，这是旅游者对农耕文化、民俗文化、乡土文化底蕴的追求、体验和向往。乡村旅游的开发要满足和创造旅游者的文化需求，通过精心设计与安排在产品开发中寻求文化差异、增加文化含量、将特色文化元素融入产品设计中，形成文化竞争力，实现旅游者最高层次的文化满足。

5. 以人为本原则

旅游产品开发要以人为本，遵循人本主义原则。具体来说，旅游产品开发就是要突出"新、戏、乐、形式"。新就是要为旅游者提供一种新的经历、情绪、过程，是旅游者没有体验过的。戏就是在产品开发中要有明显的游戏性，而且是和旅游者日常生活有距离而又是其梦想的东西。戏是旅游产品的核心吸引力，戏的主角是旅游者。乐就是在产品开发中要满足游客快乐与享乐的旅游目的。形式就是在旅游产品开发中要给旅游者在感觉、知觉、表象感官上带来有效刺激，形成使旅游者好奇、认识、学习、体验的场景。结合现代人的观念，以参与性的旅游活动为特色，创造一些使游客精神参与、身体参与的一些旅游项目，增强游客对旅游吸引物的理解和感知，从中获得美感和知识，在活动中使感观或心灵获得静谧或刺激的享受，体验旅游活动的真谛。如开发乡村旅游娱乐项目，让游客自己参与或者通过表演现场与游客互动，调动游客激情，从而达到特殊的艺术参与体验，使游客对这次旅游具有极其深刻的印象，从而达到旅游宣传的长期效应。如在乡村地区可以增添田园垂钓、执鞭牧牛，开发耕地、播种、秋收、施肥、栽植、饲养、纺纱、娱乐等参与性旅游项目活动。

6. 差异性原则

产品差异性原则主要表现为物质层面的差异，价值与功能层面的差异。在乡村旅游产品的开发中应力求独特，做到"人无我有，人有我优，人优我特"，时刻保持与众不同的个性。差异性原则要求乡村地区在景区的环境、项目、活动、接待设施等方面要与竞争对手存在差异，以保证乡村旅游景区的竞争力。乡村旅游产品差异化的途径有两类：一是率先进入某一产品市场，即以市场先行者的身份出现，推出新产品、新项目，并且不断创新；二是推出的项目或产品难以复制，或有很高的进入壁垒，如技术要求、乡村文化等，使其他潜在进入者无法进入，保持乡村旅游产品的唯一性。

二、不同种类的乡村旅游产品开发

（一）乡村旅游产品种类及特点

1. 乡村旅游产品的种类

（1）从广义的旅游产品而言

乡村旅游产品是指旅游经营者为了满足旅游者在旅游活动中的各种需要，凭借、各种乡村性旅游设备设施和环境条件向旅游市场提供的全部服务要素之总和。旅游者获得的服务和体验主要依托乡村性旅游吸引物、旅游设施、旅游商品和旅游消耗品。

第一，乡村购物旅游产品。乡村购物旅游产品是指利用乡村地区的资源条件而开发出的不同类型、不同功能的旅游纪念品、礼品、土特产品等，供旅游者购买，丰富旅游者的乡村旅游经历。

第二，乡村旅游消耗品。乡村旅游消耗品是旅游者在旅游活动中向旅游经营者购买并消耗使用的各种物质产品，主要包括各种食品、饮料、卫生用品等。

第三，乡村旅游依托产品。旅游依托产品依托旅游资源与硬件设施，是旅游产品的核心产品。硬件设施主要包括食、住、行、游、购、娱方面的基础设施和设备。

第四，乡村服务产品。

（2）从旅游者的消费行为入手

第一，核心产品体系。乡村旅游位于农业景观带，以垦殖地带的风景和乡村文化为主要审美特征，构成乡村旅游吸引物的基础与核心。其核心产品包括乡村接待和度假服务、乡村景观和乡村文化。核心产品基本上属于农业旅游或农庄旅游的范畴。核心产品是旅游者获取旅游体验的主要对象，主要内容是在乡村景观中和当地村民共享乡村文化与乡村生活。

第二，辅助产品体系。辅助产品是由本土的各种直接或间接从事旅游业的人员提供的产品，这些产品可以超越农业旅游或农庄旅游的范畴，如餐饮、土特产品、特色活动、工艺品等。其服务对象不限于乡村旅游者，还包括本地居民。辅助产品可以作为乡村旅游体验的重要组成部分，是增强核心产品吸引力的主要途径。辅助产品包括当地的社会餐饮服务，当地可供参观的古建筑、民间工艺品和土特产品作坊，登山、钓鱼等各类户外活动，还包括一些多样化的乡村活动，比如引领游客获得舞龙、社戏、龙舟竞赛等各种乡村文化体验。

第三，扩张产品体系。由政府、企业、行业协会等组织的面向乡村旅游的营销或服务网络。扩张产品是乡村旅游发展到一定阶段、形成一定规模后的产物，游客通过乡村旅游网络能获得旅游信息、预订及其他增值服务，乡村旅游的从业者也通过该网络共享资源并开展营销活动。

（3）从旅游资源的角度入手

第一，村落民居旅游产品，主要包括以古民居、古宅为凭借开发的乡村旅游产品，如福建武夷山市武夷镇村悠久的明清建筑、山西的皇城相府和王家大院、河南的寨卜昌民居的宅院风貌保存比较完整；以新农村新风貌为凭借开发的乡村旅游产品，这些乡村旅游产品充分展示改革开放给农村带来的巨大变化。如河南的南街村、刘庄，江苏的华西村等。

第二，民俗风情旅游产品，即以农村的民俗文化、风土人情为凭借和吸引物，充分突出乡土文化、农耕文化与民俗文化特色而开发的旅游产品。这种乡村旅游产品体现了乡村旅游产品的文化品位。主要包括以下类型：生产民俗，如农耕民俗、手工业民俗等；流通交易民俗，如商业民俗、通信民俗等；消费生活民俗，如服饰、饮食等；社会礼仪民俗，如礼俗、成人、婚嫁、寿诞、葬埋礼俗等；家族民俗，如称谓民俗、排行民俗、财产继承民俗等；村落民俗，如集市民俗、村社民俗、乡规条例民俗等；民间组织民俗，如行会民俗、社团民俗、帮会民俗等；历法及时节节日民俗，如传统节日、二十四节气、本民族的年节等；信仰民俗，如民间宗教活动、民间禁忌、民间崇拜等；游艺民俗，如民间体育竞技民俗（赛龙舟、赛马），民间杂艺博戏民俗，民间艺术民俗（蜡染、剪纸、刺绣、雕刻等），民间口承语言民俗（民间传说、神话、故事、山歌、谚语等）。

第三，田园生态旅游产品。将乡村的田园生态环境和各种农事活动结合起来开发成乡村旅游产品是我国乡村旅游发展早期的一种表现形式，但是近年来随着城市居民对千篇一律城市生活的不满，这种独具风情的乡村生活模式又再次蓬勃发展。根据主题的不同，田园生态旅游产品大致可以分为竹乡游、花乡游、水乡游、果乡游等，也可以根据旅游活动的内容将其分为四种类型，具体如下：

农业景观观光游。农业景观观光游指的就是以欣赏农业景观为主题的乡村旅游项目。比较常见的农业景观观光旅游形式有田园风光观光，如欣赏水乡、梯田等独特的田园景观；林区风光观光，如森林旅游、种植园旅游等；草原观光，如欣赏大草原景观等。

第四，乡村自然风光旅游产品。乡村自然风光旅游产品即以乡村地区的自然地质地貌、风景水体、风景气象气候与天象、生物等旅游资源形成的旅游产品。

（4）从旅游者体验的角度划分

①乡村观光旅游产品。乡村观光旅游产品指的是将乡村的自然风景和各种社会人文景观作为主题，以参观为主要方式的一种旅游产品。例如古建筑观光、风水文化观光、园林文化观光等。

②娱乐型旅游产品。娱乐型旅游产品即为满足旅游者休闲、娱乐的需求所提供的旅游产品。纯粹的观光对游客的吸引力是极为有限的，很多游客选择乡村旅游的一个基本出发点就是为了充分享受乡村的生活，所以，娱乐型旅游产品的开发是十分重要的。例如为了让游客更好地融入乡村生活中开发出的示范表演；为游客提供亲手制作乡村手工业品的机会；让游客亲自动手制作农家的食物和饮料等。

③保健型旅游产品。部分乡村由于缺少独特的自然景观和乡村文化，另辟蹊径地开发出了保健型旅游产品，针对当前大众普遍处于"亚健康"现象开发出各种强身健体、修身养性、医疗保健的旅游项目。例如日光浴、温泉浴、食疗养生等。

④乡村休闲度假旅游产品。乡村休闲度假是指在乡村地区，以特有的乡村文化和生态环境为基础开展的休闲度假活动，是乡村旅游发展到较高层次的一种旅游形式。休闲度假旅游产品一般是融观赏、参与、体验、教育、娱乐为一体，主要有周末节日度假游、家庭度假游、集体度假游、疗养度假游和学生夏令营等形式。

⑤乡村生活体验旅游产品。乡村生活体验旅游产品是指通过提供丰富的乡村生活、独特的信息和新奇的活动，来帮助旅游者对乡村劳作的知识与技能进行探索，从而获得积极的旅游体验。典型的乡村生活体验游有民俗风情体验游、野外生存体验游、童趣追忆体验游、亲子温馨体验游、动物亲近体验游、心理调节体验游、贫困苦难体验游、农家生活体验等。如农家生活体验活动形式主要有：果园摘果、品尝；花卉园学习插花技艺、园艺习作；茶园采摘；竹园学习竹编、竹雕，竹枝、竹节造型等工艺和烧制竹筒饭。在牧区可以挤马奶、勾兑奶茶、骑马放牧，感受牧区生活的原汁原味。

⑥修学科考旅游产品。修学科考旅游产品其实是专门为青少年设置的一种产品类型。目前很多家庭都是独生子女，这些孩子对大自然缺少足够的了解。而修学科考旅游产品正是针对这一现象而设计的，通过为青少年提供各种自然科考的机会来吸引游客，例如青少年环境保护游、农业生产游、大自然生态写生游等，在旅游中帮助青少年认识自然，认识乡村，树立正确的人生观与价值观。

⑦探险旅游产品。探险旅游是户外娱乐的一种形式。也是提高人类适应性的一种特殊活动方式。常见的探险类型有沙漠探险、海岛探险、高山探险、高原探险、攀岩探险、崖

降探险、徒步探险、滑雪探险、雪地驾驶探险、河谷探险、漂流探险、湖泊探险、洞穴探险、冰川探险、森林探险、狩猎探险、观鸟探险、垂钓探险、潜水探险、驾独木舟探险、野营探险、狗橇探险、溜索探险、骑马探险、划艇探险、草地探险、野外生存探险、雪地徒步探险、峡谷探险、古驿道探险等。探险旅游主要显示了人类对自然界的利用还存在脆弱性与局限性，也显示了自然界的原始性和神秘性。探险旅游一般要有一定的探险知识、野外生存知识与一定的技术。

⑧民俗旅游产品。民俗旅游产品即将乡村的民俗文化作为切入点，有针对性地开发旅游产品。例如根据乡村的舞蹈风俗、体育风俗以及各种传统的工艺品、饮食文化、民族建筑等开发相应的产品。

⑨节日旅游产品。节日旅游产品指的是以各种节日为核心的一种旅游产品。

⑩乡村会议度假旅游产品。乡村会议度假旅游产品指的是将会议作为切入点进行开发的一种旅游产品。对于一些大型会议而言，如果乡村的生态环境优美、基础设施完善且交通比较便利的话，那么会议的举办方很乐意在乡村地区举办会议，这对提高参会人员的工作效率是极为有利的。

⑪专项旅游产品。专项旅游产品包括体育旅游、采风摄影旅游、电影电视拍摄旅游、野营旅游、怀旧旅游和历史事件遗迹旅游等。摄影旅游指旅游者前往乡村地区拍摄摄影作品，并将旅游与摄影视为一举两得的体验方式。怀旧旅游是指专门寻觅历史上的社会风情、建筑、生活用具、名人故居等的旅游活动。历史事件遗迹旅游则是乡村旅游产品谱中重要的组成部分，在乡村地区有开发这一旅游产品的丰富素材。

⑫乡村购物旅游产品。乡村购物旅游产品主要是旅游纪念品、土特产、工艺品等，供游客选择购买。乡村购物旅游产品包括农村服饰、农副产品、土特产品、手工艺品、农村饮食等有形物品。主要利用石、木、竹、柳、藤、荆、动物等编制、加工的各类工艺品，利用葫芦、茭秆、高粱穗、麦秆、芦苇、马莲草等加工成的生活用品等。乡村购物旅游产品具有纪念性与实用性。

2. 乡村旅游产品的特点

（1）客观真实性

旅游产品的真实性主要集中在客观性主义真实、建构性主义真实与存在性主义真实以及后现代"超真实"四方面：客观主义真实是从客观的、博物馆学的角度来看待真实性问题的，强调被旅游的客体与原物完全对等，即认为展示给旅游者的对象应是完完全全的真，不能掺杂丝毫的假。客观主义者认为，商品化会破坏地方文化真实性，建构主义真实认为旅游真实性是由各种旅游企业、营销代理、导游解说、动画片制作者等共同制造出来的。真实性是一个社会建构的概念，其社会含义不是给定的，而是相对的、商榷的、由环境决定的，是思想意识形态的。建构主义者则认为商品化并不一定会破坏文化的真实性，商品化会不断地为地方文化注入新的活力，成为民族身份的标志。存在主义真实认为存在的本真是人潜在的一种存在状态，可由游客参与的各种令人难忘的、激动人心的旅游活动来激发，如游客在参加不同寻常的活动时，会感到比日常生活中更加真实、自由地展示了自我。后现代主义"超真实"抹杀了"真"与"假"的界线，认为模拟变得如此真实，比真实还真，已达到一种"超真实"境界。

从这四种主义来说，乡村旅游产品具有真实性。到乡村或城郊去旅游，通过观察地道居民真实的生活方式、社会文化变迁、传统习惯，并参与当地的农耕、民族节日庆典、传统仪式、自做农家美食、传统民俗工艺品的加工，寻求当地的历史文化、民风民俗、社会变革、家庭变迁，满足了旅游者体验异国、异族、异地风情的渴望，将身心融合到一种新的生存状态中，使心灵得到一种回归。

（2）环境优美性

乡村地区的天蓝、地绿、水清，有着良好的自然生态环境。在我国东部沿海地区乡村常常是四水环抱，良田沃野，绿树成荫。在西部有草原辽阔、群山俊秀、一望无际、百草丰茂、牛羊成群，有溪水的柔美，还有松林如涛的气势。如中国中部地区江西婺源：林木葱郁、峰峦叠嶂、峡谷深秀、溪流潺潺，奇峰、怪石、蓝天、青山、碧水、古树、一派野碧风清的田园风光；有历经千年风雨苍翠葱茏的古树群；有景致奇绝的古洞群。安徽宏村：高昂挺拔的山脉、青翠苍郁的古树、碧波荡漾的湖泊、百年牡丹、青藤石木。新疆的图瓦村：带有尖顶的、颇具瑞士风格的小木屋与高山、雪峰、森林、松树、白桦树、草地、蓝天白云结合在一起，构成了独特的自然文化景观。江苏省同里：有"东方小威尼斯"之称，四面临水，八湖环抱。福建武夷山的九曲溪：溪水清澈，水源充沛，蜿蜒自如，山绕水转，水贯山行，溪水晶莹，滩潭交错，曲折萦回。浙江的安吉是著名的"中国竹乡"。贵州省贞丰县：天下奇观是美丽的"双乳峰"。

（3）人文独特性

乡村地区所依赖的人文环境独特。如中国江西婺源：青砖黛瓦的明清民居、原汁原味的古村驿道、廊桥和茶亭。众多气势雄伟工艺精巧的祠堂、官邸成群、飞檐翘角的民居鳞次栉比。福建培田古村：明清时期古民居建筑群，主要包括大宅、祠堂、书院、古街、牌坊和庵庙道观，体现了精致的建筑、精湛的工艺、浓郁的客家人文气息。安徽宏村：精雕细镂、飞金重彩、气度恢宏、西朴宽敞的民居群，巷门幽深，青石街道，栋宇成排；有着科学的人工水系和方格网的街巷系统，体现了典雅的建筑造型、合理的功能布局，是徽州传统地域文化、建筑技术和景观设计的杰出代表。黎平肇兴侗寨：鼓楼、戏台、风雨桥、吊脚木楼、歌坪、禾晾、禾仓、石子路。浙江诸葛村：村落格局按九宫八卦图式而建，整体布局以村中钟池为中心，全村房屋呈放射性排列，向外延伸八条弄堂，将全村分为八块。北京韩村河旅游景村：明快和谐的红顶白墙、红顶黄墙或黄顶黄墙，明亮的塑钢玻璃窗，宽敞的观景阳台，大气庄重的中式琉璃瓦飞檐伴同秀美挺拔的欧式尖顶、圆柱，在阳光下展示着亮丽的风采；不同风格的别墅楼区、宽敞的街道、高雅的建筑小品、现代蔬菜大棚、花卉基地、星级饭店、村办大学、公园、医院等组成了中国新农村的风貌。新疆尉犁县罗布人村寨：建有塔河吊桥、接待木屋、休闲长廊、民居、通信塔、高压线、沥青路。北京延庆区香屯村：有一排排的石头墙，一层层的石头台阶，古井、石磨、石碾。

（4）多样化

乡村旅游依托乡村古朴秀丽的乡村环境和各类农业资源、农耕文化、乡村民俗风情，针对客源市场需求状况，开发出一系列趣味性高、参与性强、文化内涵丰富的各种旅游产品类型和项目。农业生产是在人们定向干预和调节下的生物再生产过程，生产的各个阶段深受水、肥、气、热等自然条件的影响和制约，具有明显的季节性，从而使得农业旅游活动具有明显的季节性。乡村农业生产活动有春、夏、秋、冬四季之分，夏、秋季节乡村旅游火爆，冬、春季节旅游冷淡。

（5）地域性

不同的地域有不同的自然条件和山水环境、文化背景、生活风俗和传统等。此外，每一个地方的农业生产，包括农、林、牧、副、渔等产业的生产也具有很明显的地域性特色。中国既有南北乡村之分，又有山地平原乡村之分，还有汉族和少数民族乡村之分。

我国乡村旅游产品具有分布的地域性特色，如东南部以江南小桥流水和鱼米之乡为特色，东部沿海以渔猎生活海洋农业为特色，北部以冬季的冰天雪地为特色，南部以热带海滨风光为特色，西部以游牧生活和草原景观为特色，西北以雪山绿洲和沙漠戈壁为特色，西南部以垂直农业和高山峡谷为特色，平原地带以一望无际的田园风光为特色，青藏高原以神秘的民族文化和高寒农业为特色。

（二）乡村旅游产品开发

1. 乡村旅游产品开发的理论

（1）旅游产品生命周期理论

产品生命周期，简称 PLC，是产品的市场寿命，即一种新产品从开始进入市场到被市场淘汰的整个过程。任何一种产品都有其生命周期，旅游产品也不例外，旅游产品的生命周期是指一种旅游产品从进入市场到成长、成熟到最后被淘汰而退出市场的整个过程。经典的旅游产品生命周期一般包括四个阶段：导入期、成长期、成熟期和衰退期。

①导入期：消费者对旅游产品的认知度较小，只有少数好奇的顾客购买，销售量一般很小；企业为扩大影响，需要投入大量的资金进行产品宣传，所以成本大，基本不会获利。

②成长期：消费者对产品开始熟知，购买力增强，成本开始下降，进入获利阶段；但由于有利可图，追加旅游产品竞争者逐渐加入，价格下降成为竞争途径，企业利润增长逐步减缓。

③成熟期：由于竞争更加激烈，促销成本又开始增加，利润有所下降。

④衰退期：促销不再产生效果，销售迅速下降，利润大减甚至出现亏损。

在乡村旅游产品生命周期框架下，每个阶段的长短是难以确定的，因为它受到产品特性、政府政策、不可预见事件、旅游产品结构调整等多种因素的影响，旅游产品的演化未必会经过每一阶段，如衰退未必不可避免。特别是由于旅游产品在空间上的不可转移性，特有的历史文化内涵及所处的特定空间环境，使旅游产品生命周期的表现多样化。

（2）体验经济理论

经济发展经历了四个阶段：物品经济时代、商品经济时代、服务经济时代和体验经济时代。在体验经济时代，"体验"是指当一个人达到情绪、体力、智力，甚至是精神上的某一特定水平时，他意识中所产生的某种美好的感觉，它来自个人的心境和实践的互动，并从中获得过程中呈现出来的一系列可记忆的体验原点。而体验经济就是发掘顾客潜意识中的渴望，站在消费者的角度，以人性化、个性化、差异化为宗旨去设计出售自己的产品和服务甚至生产过程、服务过程，并使他们在接触产品的同时，参与到产品的情感创作中来，使其体验到产品的个性化魅力，并使"体验"的快感成为联系企业与消费者之间的纽带。

体验经济理论运用在乡村旅游产品开发过程中就是需要在旅游产品开发的过程中关注旅游者的体验，从旅游者开始决定旅游到旅游结束的整个过程，每个环节都通过各种手段和途径创造综合效应，利用科学、技术、艺术、美学、心理学等理念来设计旅游产品，分别从视觉、听觉、嗅觉、味觉、触觉给旅游者产生不同的体验感受，来实现旅游产品的价值。

在乡村旅游产品开发过程中要注意旅游者的体验，一般来说，旅游者的体验类型分为审美体验、探险体验、教育体验、娱乐体验、移情体验、逃避现实体验、购物体验、生活体验、文化体验等。

（3）可持续发展理论

可持续发展归根结底是一种发展观，其思想的提出有着很深的社会根源。工业革命以来的近几百年，当社会经济在以最快的增长速度发展的同时，工业的发展对环境也带来了最严重的破坏，环境日益恶化，环境灾难频繁发生，直接威胁到人类的健康与生存，导致人类生存面临严峻的挑战，传统的经济发展方式难以持续，在此情况下，人类开始理性反思与探求经济发展和环境保护之间的关系，可持续发展理论应运而生。

可持续发展理论作为一种新理念，其核心理念是正确认识人与自然之间的关系。在时间上，要遵守理性分配的原则；在空间上，要求人类社会应遵守互利互补原则；在伦理上，应遵守只有一个地球、互惠互利、共建共享、人与自然平衡等原则，其内容主要体现于"三观"，即持续观、公平观、和谐发展观。可持续发展理论认为世界应该保持有序发展、高效和谐的良性状态。

正确理解可持续发展理论必须注意三大基本要素：第一，需要要素，可持续发展的目的是要满足人们的需要；第二，公正要素，指的是当代人与后代人之间、人类与不同物种之间和不同国家与不同地区之间的生存公正；第三，约束要素，人类的行动要受外部环境的制约。由此，可持续发展的内涵主要包含经济的可持续发展、生态的可持续发展和社会的可持续发展三层含义，其中，经济可持续性是条件，发展是摆在第一位的，经济的大力发展，是未来可持续发展的一个里程碑；社会可持续性是经济持续发展的目的，可持续发展本质上就是要实现人类与自然的和谐共处，人们要不断提高自身的道德素养，增强环保意识和可持续发展观念，肩负起保护生态环境的责任，使全社会形成爱护环境、保护生态的氛围；而生态可持续性即环境的可持续性，这是经济持续与社会持续的基础，经济发展与环境相协调应当成为可持续发展的重要衡量标准。当人类在发展经济的时候一定要在生态环境能承载范围内进行发展，保护好生态环境和资源，实现环境的可持续性发展。因此，经济的可持续发展、生态的可持续发展和社会的可持续发展三者之间相辅相成，相互影响，其终极目标是实现经济、社会与自然的持续、稳定、健康的发展。

旅游发展中的经济性是一把双刃剑，在对旅游目的地产生积极作用的同时，也造成对东道主地区经济、社会、环境、文化等方面的消极影响，如经济短视而秩序混乱、环境污染而加剧恶化、文化传统扭曲而丧失、社会风气败坏而沦丧，这使人们不得不开始关注旅游的环境保护问题，这种关注促成了宏观旅游管理领域中的一种新观念的产生——可持续旅游发展。可持续发展道路是旅游发展的最佳选择和必然选择，旅游业是最需要贯彻也最能体现可持续发展思想的领域之一。旅游可持续发展作为一种新的理念和发展目标，它已经得到世界各国政府、国际组织、学术机构甚至民间团体与公众的重视。旅游容量的评估、生态旅游的倡导、PPT旅游战略的制定与《全球旅游道德准则》的出台，表明在旅游规划、旅游管理、旅游产品及旅游消除贫困等方面，强调保护性、未来性和现实性三者有机统一的旅游可持续发展理念正在显示出其越来越重要的战略指导作用。应该说，旅游可持续发展是一种站在人类发展的高度，从旅游环境和资源保护的角度出发，以技术革新为手段，以自然和社会伦理观念为理念来规范旅游经济的发展和增长，从而达到对人类生活和旅游环境及文化传统的保护，实现旅游的空间和代际公平目的的旅游发展理论。

2. 乡村旅游产品开发的主题设计

（1）以乡村四季风景为主题的乡村旅游产品设计

这里主要指在一定的地形范围内，利用并改造自然地形地貌或者人为开辟和美化地形地貌，综合植物栽植或艺术加工，从而构成一个供人们观赏、游憩的具有特定主题景观，达到游客欣赏自然、发现自然、感受自然的高层面的和谐氛围，使得自然资源的初级吸引力转变为更高层次的吸引力，凸显产品特色。

（2）以乡村实体景观为主题的乡村旅游产品设计

实体景观一直以来都是以观光为主，但是近年来实体景观旅游产品的设计也逐渐多样化，最为常见的是根据景观的类型来有针对性地设计出相应的旅游产品，从而增加旅游产品的内涵。例如根据"桃李不言，下自成蹊"成语中"桃李"的象征意义来设计以学子谢师或者教师度假为主题的旅游产品，以此来吸引毕业考试之后的学生游客或者节假日期间的教师群体；再比如对"荷花"这一实体景观进行旅游产品设计，可以根据荷花的亭亭玉立、出淤泥而不染的特点来设计出以医护人员高洁的品质为主题的"白衣天使游"旅游产品，也可以利用荷花亦被称为莲花，通过莲与廉的同音，以周敦颐的《爱莲说》为文化主题，针对公务人员开展"爱莲（廉）之旅"。

（3）以地方民俗为主题的乡村旅游产品设计

①欢乐农家。欢乐农家产品的设计主要是以乡村常用的农耕和生活工具进行设计，比如将乡村的织布机、石磨等与谷子、玉米放在一起，塑造一个传统的农家形象，游客可以在其中享受传统的农耕方式，感受收获的喜悦。

②童真乐园。顾名思义，童真乐园主要是针对儿童游客设计的。该设计主要是利用城市儿童不常接触的乡村孩子娱乐项目进行布置，例如踢毽子、推铁环、弹弹子、玩泥巴、踩高跷等。

③农家宴。农家宴这一旅游产品既凸显了乡村生活的特点，也为游客提供了饮食服务。

④农家作坊。可以说几乎每个村庄都有自己的"独门绝活"，对此乡村旅游地区可以充分利用，增设几处农家作坊，挖掘传统技艺，如弹棉花作坊、豆腐作坊、磨面作坊、竹刻根雕作坊等，展示各种已被现代文明取代的劳作方式，使游客可以欣赏乡村的古朴意味。

⑤农家听戏。在周末或节假日，可以在农田空地上搭建戏台，进行具有民俗特色的表

演。如腰鼓、大头娃娃、跑旱船、秧歌、扇舞、戏曲等。

⑥民俗演绎。演绎祭灶神、祭祖、婚嫁等民间节庆的生活风俗。游客可以参与其中，扮演新郎、新娘或主婚人等，亲身体验坐花轿、游后山、抛绣球等活动。

⑦动物欣赏。虽然说与城市的一些养殖园相比，乡村的动物种类并不是很多，但是仍旧有其乐趣所在，对此可以设计观赏鱼类和农家小动物，如开展"好汉捉鸡"等活动。

⑧乡村购物。乡村购物也是一项可以设计的旅游产品，例如每隔一天或者一周的赶集，固定时间的庙会等，游客可以在此购买民间工艺品、刺绣品、瓜果、干果等。

⑨节庆活动。如乡村地区通过开展"乡村青年文化节"活动，组织推出一批学用科技、致富成才、民族团结、移风易俗、美化环境、文体活动等方面的品牌活动，有效带动乡村青年文化活动开展，丰富以文化生活为主题的乡村旅游。这些文体活动包括文艺演出（小品、相声、音乐、舞蹈）、健美操比赛、赛诗会、板报比赛、歌咏比赛、演讲会、青少年长跑、公映爱国主义影片等。

⑩体育竞赛。开展乒乓球、篮球、排球、帆船、雪橇、滑雪等体育竞赛活动；拔河、赛龙舟、赛马、叼羊、竹铃球、射箭、舞狮、空竹、马球、捶丸、蹴鞠等民族传统体育活动；武术、太极拳、气功、中国式摔跤、中国象棋、围棋等传统体育项目。

（4）以乡村聚落为主题的产品设计

乡村地区民居聚落在建筑风格与空间分布上都带有历史延续的因素，通常体现出地域的地理条件、自然资源、宗教文化等特点。乡村民居的设计在空间上按照主人的生活方式合理分布，考虑住宅的通风隔热，可回收建材的合理运用，施工的质量，可再生能源的利用，饮水和生活用水的供给，生活垃圾的分类处理，废水的处理等。

3. 乡村旅游产品的品牌建设

品牌是市场经济条件下最重要的无形资产，21世纪也是品牌经济时代，产品之间的竞争表现在品牌的竞争。想要在乡村旅游产品市场中得到旅游者认可，获得最佳经济效益，创建旅游产品品牌是关键，品牌的塑造是获得乡村旅游产品核心竞争力的重要手段。乡村旅游产品品牌的塑造要经历品牌主题定位、品牌设计和品牌传播推广三个阶段。

品牌主题定位主要解决乡村旅游产品的发展方向与主要功能定位。品牌主题定位要符合乡村旅游产品的内涵，要重视对乡村旅游产品特色的挖掘展示，不是任何旅游产品都能够成为旅游品牌，而要选择最具特色的旅游产品。品牌设计主要是为了在市场上获得与品牌主题定位一致的形象而对产品进行一系列包装，以增强旅游者的感受和满意度与产品信誉度。一般要深入研究旅游产品的真正优势，通过一句精练的文字来体现，这句话能够把旅游产品的特色优势形象化地表述出来，同时文字要具备广告效应，能够打动旅游者的心，激发其旅游动机，并易于传播和记忆。最后一个阶段是进行品牌的推广。提高知名度和注意力需要品牌的有效推广和传播，持续的促销活动能给现实和潜在旅游市场带来强烈的视觉、听觉冲击，所以要采用报纸、杂志、电视、网络等媒体和多种促销组合手段，把产品品牌形象与内涵持久地传递给现实或潜在的旅游者，以在受众中树立并强化乡村旅游产品鲜明的品牌形象。

三、新时代乡村旅游产品营销创新策略

（一）乡村旅游产品营销的方法

1. 广告营销

旅游目的地的宣传和推广，是旅游者了解我国乡村旅游产品的主要方式。没有大力度的宣传和推广，旅游者就不能够深入了解我国的乡村旅游独具特色的山水田园自然风貌。广告的传播速度快，传播范围广，可利用的手段、方法多，具有较强的吸引力，且不需要人员与旅游者直接沟通。广告通过一定的媒体，把我国的乡村旅游产品传递给潜在旅游者，使之产生旅游的愿望，从而促进我国乡村旅游产品的销售，实现较好的经济效益。

2. 销售促进

（1）针对旅游者的促销

促销内容主要包括：散发旅游宣传品；向旅游者赠送能够传递旅游产品信息的小物品，如日历、招贴画、打火机、小手巾、纪念卡、纪念币、小玩具等，以刺激旅游者的购买欲望；展销，即旅游企业联合或单独举办展销会，向旅游者宣传我国乡村旅游产品，增加销售机会；服务促销，即根据整体旅游产品概念，向旅游者提供系统销售。

（2）针对旅游中间商的促销

旅游中间商既是旅游产品的组合者，又是旅游产品的销售者和代销者，其在旅游中所起作用不容忽视，特别是在旅游者和旅游对象中所起的中介作用与为旅游者提供综合服务方面，具有其独特的优势。如：邀请考察，我国乡村旅游目的地应主动邀请主要目标市场的旅行社老总、计调部经理进行乡村旅游线路的考察，他们亲身感受乡村旅游目的地后，会更乐意将目的地的乡村旅游产品纳入本旅行社重点线路中，大力宣传、推销乡村旅游产品；批量折扣，即对旅游中间商经销不同数量的旅游产品实行不同比例的价格折扣；经销津贴，即企业向旅游中间商提供开发、经营旅游产品的支持费，以争夺市场；联合开发，由地方政府与乡村旅游景区共同提供优惠的政策，吸引有实力的旅游中间商联合开发部分旅游项目，达到融资和促销的双重目的。

3. 全员营销

我国发展乡村旅游要注重品质，不仅要注重整体旅游产品中实质产品部分的品质，而且要注重提升其延伸产品部分的品质。应该树立"全员营销"意识，人人都是旅游资源，人人都是旅游环境。所有旅游从业人员都能做到礼貌真诚待客，热情高效服务。通过对旅游从业人员的培训，强化其旅游服务意识，提高服务技能，优化游客的旅游体验，形成良好口碑，提升我国乡村旅游的美誉度。我国乡村旅游的从业人员应该做到热情友善、乐于助人，应让游客感觉走进乡村旅游目的地，就像走进了真正的世外桃源，美丽的乡村不仅有风景美、自然美，更应该有现代社会越来越稀缺的人情美，令游客如沐春风。

4. 节庆营销

旅游节庆由于其对经济和文化发展的巨大推动作用而逐渐成为一种时尚、一种机遇、一种产业、一种强势资讯。节会活动不但易于统一旅游地干部群众及专家的认识，形成发展旅游、扩大招商引资渠道、改善投资环境的浓厚氛围，而且能够促进旅游软资源硬化，集中力量建设一批旅游基础设施，围绕主题将软资源硬化为特色鲜明的景观；此外还能够吸引相关媒体从业者，形成宣传冲击波，达到影响巨大、品牌速成的效果。我国各乡村旅游目的地应经常性地精心策划系列特色节庆会展活动。我国乡村旅游的发展，应该结合专项旅游产品的开发，开展多样化的节事庆典活动，以便达到规范促销、吸引客源的目的。

5. 电子商务营销

乡村旅游产品电子商务营销，是旅游经营者借助互联网，将电脑技术、电子通信技术运用到乡村旅游产品营销过程的新型营销活动。

在互联网时代，开展乡村旅游产品电子商务营销具有重大的意义。一方面，乡村旅游产品电子商务营销顺应了旅游市场变化的需求。在互联网时代，网民在选择旅游消费对象时，更加偏向于通过网络的形式完成旅游产品查找、旅游路线、线路预定、门票预订等旅游消费活动。这就意味着旅游市场的环境发生了相应的变化，要求乡村旅游产品的营销顺势而为，积极依托互联网开展电子商务营销。另一方面，乡村旅游产品电子商务营销有助于拓宽营销渠道，降低营销成本。乡村旅游产品的开发者很多都是中小企业或者农户，其资金实力并不强，所以并没有太多的资金投入营销之中，这在一定程度上限制了我国乡村旅游产品的开发。但通过开展电子商务营销，乡村旅游产品的开发者可以在网上宣传和推广旅游产品，这扩大了乡村旅游产品信息的传播范围，进而拓宽了乡村旅游产品的营销渠道，无形中也降低了乡村旅游经营者的营销成本，有助于改变乡村旅游产品开发者和经营者资金不足的窘境。由此可以看出，电子商务营销给乡村旅游产品的营销带来了新的机遇，是可以积极尝试的营销新模式。

（二）"互联网+乡村旅游产品"营销创新策略

1. 改善乡村旅游产品电子商务营销环境

在乡村旅游产品电子商务营销环境的改善过程中，政府应扮演主要角色。一方面，政府必须健全乡村旅游营销法律规定、乡村旅游电子商务政策与法规，比如健全乡村旅游电子商务服务赔偿、电子支付、消费者维权制度，改善乡村旅游电子营销法制环境；另一方面，政府应完善乡村旅游电子商务方面的基础设施建设，积极调动旅游企业参与电子商务的积极性。政府应加强乡村通信、物流、包装加工产业链建设，搭建乡村旅游产品电子商务营销平台，推动乡村旅游的全产业链发展，为乡村旅游产品电子商务营销提供良好的外部环境。除此之外，针对乡村旅游产品经营者资金不足的问题，政府应积极发挥财政、税收、金融政策的作用，通过减免税收、提供无息贷款等形式支持旅游企业参与电子商务营销，进而推动乡村旅游与电子商务的融合发展，实现旅游企业与乡村的共同发展。

2. 注重乡村旅游产品开发，创新营销方式

在加快乡村旅游产品开发的同时，乡村旅游经营者需要根据旅游市场的个性化需求，充分发掘地方乡村旅游资源，利用有限的人力、物力和财力对现有乡村旅游产品进行精心包装，不断提高乡村旅游产品的整体品质，开发更多的个性化乡村旅游产品，进而优化乡村产品组合结构。

除此之外，乡村旅游产品还必须创新营销方式。乡村旅游经营主体需要加强与旅行社、酒店、旅游中介等其他从业者的联系，根据自身业务内容和特点，主动出击，建立电子商务平台，尤其是要针对游客消费需求，进一步完善代理分销系统、在线消费系统、服务增值销售系统，建立具有一定知名度的乡村旅游电子商务服务品牌，走网络化经营、规模经营之路。在此基础上，与电商、旅游中介加强合作，强化旅游产品主题营销，充分发挥搜索引擎营销在旅游产品营销中的作用，并加快 SNS 营销探索步伐，在此类平台上建立乡村旅游产品营销站点，定期向目标群体发送乡村旅游产品和服务信息，借助社交媒体提高网络营销的针对性与成功率，以提高乡村旅游产品电子商务营销的有效性。

3. 积极培养乡村电子商务人才

人才是制约乡村旅游产品电子商务营销的重要因素。要想解决此问题要做好三方面：第一，政府应加强乡村旅游电子商务政策研究、制定和落实力度，出台和实施乡村电子商务优惠和扶持政策，鼓励新生代农民回乡创业，为乡村旅游经营群体注入新鲜血液；第二，政府还须与职业教育部门积极展开合作，携手在乡村旅游地区启动"万人万村"电子商务培养计划，以电子商务系统运营、维护、数据建设、网上营销为主要内容进行电子商

务专业人才培训，为乡村旅游经营主体提供学习、实践的机会；第三，地方政府还可以"村"为单位，建立乡村电子商务服务中心和乡村旅游产品交易中心，并在这两个"中心"设立相应的岗位，配备专门的电子商务人才，为乡村旅游经营者提供乡村旅游产品开发、策划、营销、管理建议，化解乡村旅游产品电子商务营销的人才困境，带领乡村旅游经营主体尽快走上产业化、规范化发展之路。

第二节　新时代乡村旅游产业发展与运营管理

一、新时代乡村旅游产业

（一）全域化

虽然我国乡村旅游发展迅速，但是，大部分游客在旅游目的地不过夜，降低了乡村旅游的整体效益。主要原因是基础设施不完善、旅游项目少等。因此，在旅游目的地及其沿途、周边等区域增加休闲、娱乐、观赏等项目，使游客在移动过程中体验到身心愉悦等感受，既可以延长游客停留时间，又可以促进该区域基础设施的改善，形成旅游全域化。

（二）功能多样化

随着我国人口老龄化的加重、收入的增加、生态保护意识的增强，亲近自然、感受生态环境、保健等需求有所增加，乡村旅游除了具有传统的休闲娱乐、观赏等功能外，也应有养老、教育服务功能，体验现代农业、生态环境、优秀传统文化的需求也会增加，这些功能也为全域旅游的规划建设提供了可能。

（三）特色化

首先要树立发展乡村特色旅游商品产业的目的是为乡村振兴的理念。即发展乡村特色旅游商品产业是为了丰富旅游的内容，壮大旅游产业，展现新农村建设成就，进而激发农业生产，发展农村经济，带动农民就业，提高农民收入。

其次是树立乡村特色物产资源利用的理念。要以发展乡村特色物产资源利用、加工、制造的产业为主。

接着树立乡村特色旅游商品走出乡村的理念。乡村特色旅游商品是利用乡村特色物产资源开发的、以满足旅游者需要为目标，既能在资源原产地销售，又能销往全国的商品。

乡村旅游商品企业要利用旅游具备的特殊宣传作用，让旅游者在乡村旅游的场景中体验到、喜爱上并购买。乡村特色旅游商品进而扩散到各地，成为大众广泛喜爱的商品。

最后是树立乡村特色旅游商品需要从各个角度不断创新的理念。一方面要利用新技术开发乡村特色物产，开发符合现代生活的拥有新口味、新功能的乡村特色旅游商品。另一方面，结合后疫情时代市场的变化，利用乡村特色物产开发健康时尚的大众消费品。此外，在销售上也要不断创新，要采用包括电商、直播、短视频等新模式结合物联网进行乡村特色旅游商品的销售。

（四）高质化

政府的重视、社会的参与，在提高乡村旅游的经济效益、社会效益的同时，会提高农民参与乡村旅游的信心，加大对其投入，从业者的素质也会提高。随着乡村旅游的发展，服务标准、产品质量会得到统一或提升，乡村旅游将为游客带来卫生、安全、便捷、贴心的体验。在政策推动、市场竞争、游客需求、社会参与等外在驱动因素的影响下，农民将改变对乡村旅游的认识，服务标准、住宿舒适、功能全面、饮食科学的乡村旅游将给游客带来高质化的享受。

二、新时代亲子旅游与乡村旅游融合发展

（一）乡村亲子旅游及特点

1. 乡村亲子旅游概念界定

（1）亲子旅游的概念

①亲子。亲子有狭义与广义之分，狭义上是指以血缘关系维系的家庭成员之间的关系，"子"指孩子，"亲"指孩子以外的家庭内部成员，包括孩子的双亲以及爷爷奶奶等。广义上，根据中国特有的家庭状况，亲子也指看护人与儿童之间的关系。在这里所研究的亲子关系主要是指父母与未成年子女之间的关系。

②亲子旅游。随着我国旅游市场的不断发展和细化，亲子旅游从家庭旅游、儿童旅游中逐渐独立出来成为一种新的旅游形式。本书将亲子旅游的概念概括为：以核心家庭为基本单位，以寻求优化亲子关系为根本目的，由父母（或其中一方）和未成年子女共同参与的以互动式体验为核心要素，实现增进亲子感情的旅游形式。

（2）乡村亲子旅游概念界定

亲子旅游最初是依托城市和景区开展的旅游活动，其借助城市的游乐设施、科普场馆设施及都市节庆活动等得以实现。由于亲子旅游在我国发展时间短，基础设施还不完善，

成为一种独立的旅游业态进行经营的景区还很少见。

乡村亲子旅游是指以乡村地域为活动场所，以乡村环境和旅游资源为基础，以亲子旅游者在乡村旅游目的地的互动式体验为核心要素的旅游过程。乡村亲子旅游以在旅游过程中寻求优化亲子关系为根本目的，具有放松身心、增进亲子感情、寓教于乐等功能的旅游形式。

2. 乡村亲子旅游的特点

乡村亲子旅游与其他旅游形式存在很大的差别，有其自身显著的特点。

（1）旅游主体的阶段性

乡村亲子旅游的旅游主体是父母与子女，从父母角度而言，在年龄构成上主要以80后、90后、00后年龄段的父母为主，他们大多具有科学的亲子教育理念，希望能够在亲子旅游活动中通过互动式的体验来增进亲子之间的感情，优化亲子关系，并能达到寓教于乐的目的。从子女角度而言，儿童的成长过程具有阶段性，不同年龄阶段儿童的心理特征、行为特征、兴趣爱好等都有所不同。在乡村亲子旅游活动过程中，不同年龄阶段孩子的需求决定了亲子旅游路线的制定、游乐项目的具体实施、亲子产品消费等重要环节。

（2）主体行为的互动性

在亲子旅游活动过程中，亲子之间的互动式体验贯穿整个旅游行为当中，这是亲子旅游显著的特点之一。亲子互动是指亲子间的交互作用和影响，同时包括在行为、情感以及观念上的交流与沟通，它是个动态的双向影响的过程，是相互学习、相互作用并加深亲密感情的沟通过程。只有通过亲子互动的方式来参与体验乡村亲子旅游产品，才能更好地达到增进亲子感情、优化亲子关系的目的。

（3）旅游活动的安全性

青少年儿童是乡村亲子旅游的主要参与者，孩子天生好奇、好动，但是其认知程度有限，对危险和未知事物的防范意识不强，身体条件和身体抵抗能力也相对偏弱，父母对孩子在旅游过程中的安全保障设施要求较高，而乡村地区是相对开敞的活动空间，以原生态的自然景观为主，相关基础设施不够完善。因此，乡村亲子旅游对旅游产品的安全性要求更高。在进行乡村亲子旅游产品设计和开发的过程中，必须充分保障孩子的安全，这对旅游目的地卫生食品安全、旅游项目安保设施、紧急医疗等措施提出了更高的要求。

（4）活动内容的乡土性

乡村亲子旅游以乡村空间为依托，旅游过程中从旅游资源、旅游产品、旅游路线以及其他服务配套设施都是在乡村自然、人文环境下挖掘、塑造以及建立起来的。相对而言，乡村地广人稀，独特的自然生态环境，加上较少受到现代都市文明影响，许多地方仍保持着相对封闭的社会生产生活方式。自然的原生态乡村生活方式和文化模式为亲子旅游活动提供丰富的素材，具体活动内容直接来源于乡村景观、乡土风情、田间农事、农家民俗等方面的乡土知识。

（5）旅游目的的教育性

亲子旅游的教育性很强，带有一定目的的旅游被社会倡导，这种积极的生活方式逐渐成为家庭教育的一种途径。亲子旅游活动中，除了增强亲子关系，父母能够进行较为全面的思考，为今后的出游提供一定的选择依据。这种旅游方式对孩子有教育意义，能够培养孩子的个人能力、引导和启发孩子、增强孩子体魄，是塑造孩子良好品格的重要手段。

（二）休闲农业与亲子农场发展

1. 休闲农业的发展

（1）休闲农业的特征

纵观休闲农业的发展历程和不同阶段表现出的具体形式，休闲农业总体上表现出如下特征：

①多功能性。从目前国内外休闲农业的发展趋势来看，休闲农业已经不只停留在观光以及提供采摘服务上，还同时为旅游者提供吃、住、娱乐、生态体验、田间劳作、农耕文化教育与展示等多方面的服务，充分发挥了农业多功能性的特点，使得休闲农业从单一型的服务向综合型服务拓展。

②乡土性。乡土性是休闲农业发展最大的特点，也是持续发展休闲农业的核心所在。由于各地发展农业生产条件和乡土民情的差别，决定了地区休闲农业提供的休闲农业项目和活动内容具有差异性和独特性，特别是对一些地区特有的农业文化，具有不可复制性。

③季节性。休闲农业尽管在农业生产中赋予了其他不同的要素，但依然是以农业生产为主开展的旅游形式。农作物品种在生产过程的各阶段中，一直会被周围的环境所影响，尤其是受到水、热、光、土等自然因素的影响和制约，在农业活动过程中的这一生物性特征，决定了休闲农业具有明显的季节性特征。

④对象性。从休闲农业发展的实践来看，其旅游者大多来自城市，特别是生活在工业社会中的城市人，在城市生活压力的作用下，对更接近自然生态环境的广大乡村的亲近感是一种返璞归真的内在需求，所以，休闲农业对非农业人口，尤其是针对广大都市居民而言，有着强大的吸引力。

⑤综合效益性。休闲农业除了提供农产品之外，还能够增进城乡之间的交流，强化农业的多种功能的开发，在这一过程中，有利于促进农民群众思想观念的转变，促进农业生

态环境的改善，促进广大城市居民对农村的了解，所以，能够产生经济效益、生态效益和社会效益等综合效益。

（2）休闲农业的功能

作为一种由农业与第二、第三产业有机融合而衍生出的旅游新业态，休闲农业从其自身的内涵和特点来看，主要具备以下几种功能：

①生产功能。尽管休闲农业的经营范围已经超越了农业生产本身，但依然是以农业生产作为各项经营活动的载体，是农业生产发展到一定阶段的特有产物。因此，它基本上并没有离开农业产、供、销的活动范围，妥善应用农业资源就成为经营休闲农业所必备的基本生存条件，开发休闲农业资源依然需要把农业经营作为主体，将农业生产作为根本。特别是目前随着设施农业、生态农业以及精细化农业的大力发展，并借助这些不断发展、更新的农业模式，休闲农业实现了功能上的极大拓展，农副产品的品质不断提高，特色不断凸显，在很大程度上增强了农业的生产功能，推进了传统农业向现代农业的转变。

②生活功能。从定义上来看，休闲主要是指用于娱乐和休息的余暇时间。所以，休闲农业一词本身就表明了一种生活态度，即利用余暇的时间在农村体验农业生产和农耕生活。现代城市化发展导致的人口数量激增、环境污染严重、城市生活压力增大等"城市病"，使得异于城市景观的农业生产和生态景观以及民俗资源对城市居民具有强大的吸引力，前往广大农村亲近自然、放松身心、陶冶情操已经成为越来越多的都市人度过节假日的一种生活方式，从而也赋予了休闲农业独特的生活功能。

③生态功能。作为自然生态系统的重要组成部分，农业本身是一种天然的生态产业，不仅具有农作物生产的经济功能，而且具有涵养水源、保护环境、调节气候等生态功能。休闲农业的发展特别重视因地制宜，重视农业生态环境与农业生产的协调统一，在发展中坚持开发与保护并重的原则，相比于传统农业而言，在化学物质特别是化肥、农药的投入上较少，因而对地区生态环境的保护作用较为明显，使农业自然景观、农村人文景观与农业园林景观得以和谐统一，生态环境保持良好状态。

④旅游功能。休闲农业的兴起与发展，与现代旅游业的发展密不可分。旅游者在满足了基本旅游需求后，对新、奇、异、特的旅游项目需求的不断增加，推动了各地休闲农业的发展。依托农村的各类资源，以绿色、生态、自然的农业产业为载体，因地制宜地提供旅游产品和项目，吸引城市旅游者感受农村的自然和人文环境，展示、体验农业生产的劳作过程，使游客在参观游览体验中达到放松的目的。因此，从本质上说，休闲农业是一种特色旅游形式。

⑤教育功能。休闲农业的教育功能主要是通过旅游形式，向城市旅游者提供了一个认识农业生产、了解农村生活、亲近农业生态环境、体验农事活动、加强与农民沟通的机会

与载体。城乡经济社会的二元结构，割裂了城市与农村的正常沟通与交流，导致很多从小在城市长大的人对农村缺乏基本的了解。通过参与休闲农业这一活动，有助于加强城市居民对农作物生产过程、农村文化、农业生态环境和农业文化遗产保护等方面的认识，加深他们对广大农民的理解。比较典型的休闲农业形式，如市民农园、亲子农场等在发达国家或地区已经得到了大规模的发展，在普及、推广农业知识方面起到了重要的作用。

⑥文化传承功能。大力发展休闲农业是农业发展的一种重要形式，在农业文化传承中发挥着重要的作用。休闲农业最大的价值在于其所蕴含的独特地域的农业文化，这也是各地在发展休闲农业的过程中，大力挖掘地区特有的民俗文化、民间传统艺术和优良的农业耕作技术的主要原因。通过休闲农业的发展，使得各地优秀的农村文化得以继承、延续和创新。

2. 亲子农场的发展

（1）亲子旅游的含义

目前，国内尚未形成对亲子旅游的完整定义。亲子旅游属于家庭旅游范畴，旅游活动的主体是父母及他们未成年的子女，是父母根据孩子的需求安排的，为了放松身心，增进亲子感情，让孩子增长知识，丰富见闻，体验自然，陶冶情操，锻炼身体素质和社交能力，提高生活自理能力，塑造孩子良好品格的旅游活动。这种旅游方式能够让父母和子女在游玩过程中加强双方的沟通，改善亲子关系，增强家庭凝聚力，营造和谐温馨的家庭氛围。

（2）"亲子农场"的兴起与发展

新型城镇化建设，促使乡村旅游快速发展；新生代父母教育理念的提升和二孩时代的来临，引发亲子旅游市场的火爆，在这样的背景下，乡村旅游新业态——亲子农场应运而生。

亲子农场是一个很新的研究命题，是综合型的农场，相类似的概念有家庭农场、休闲农场、生态农场、乡村农场、开心农场、观光农场、农业观光园、农业生态园、农业科技园、农乐园等。亲子农场和它们相比，更符合时代的特征，更突出亲子关系。亲子农场应该满足以下条件：它是新型城镇化建设的产物，位于城市近郊，由就地就业的农民经营和管理，可以让父母子女接触大自然，学习农作物科普知识，体验采摘、种植、养殖等农活，住农家屋，尝农家菜，感受当地传统民俗活动，既让孩子获取知识，磨炼意志，得到农业体验，又让父母摆脱烦琐工作，享受田园生活，回归儿时岁月，得到身心放松。

与其他亲子旅游产品相比，父母更愿意带孩子去乡村旅游。

第一，随着城市化水平不断提高，没有体验过农村生活的孩子特别多，亲子农场给孩子们搭建了体验农耕的平台，让孩子们体会到劳动的艰辛与快乐，真实感受"锄禾日当午，汗滴禾下土"，便会知道"粒粒皆辛苦"。

第二，亲子农场回归大自然，享受原生态，给来自城市的父母子女带来新鲜的体验。对于那些从小在农村成长后来落户城市的父母，更是能让他们找回童年的记忆、儿时的快乐。

第三，亲子农场提供亲子一起体验农事的平台，你教我做、你问我答，同时提供了双方都能参与的亲子民俗活动，增加了体验性和互动性。

第四，亲子农场大部分项目处于地域开阔、地势平缓的场地，较之其他亲子旅游产品更安全，可以使父母暂时摆脱保姆和管家的角色，与孩子一起投入轻松愉悦的游戏之中。

第五，亲子农场使孩子远离城市喧嚣，帮助孩子摆脱忧虑情绪，也有助于父母放松身心。

第六，亲子农场一般都在城市近郊，车程不远，可一天往返，也可住一晚，非常适合周末双休日亲子出游。

（3）亲子农场发展策略

第一，细分市场，促进亲子农场多元化发展。不同年龄段的孩子，其成长特点、旅游需求、旅游特征差别很大，应该根据不同年龄的孩子，开展不同的农场项目。

①1~2岁婴幼儿阶段。这个阶段的孩子喜欢到处走动，喜欢玩沙、玩水，逐渐学会跳、跑、越过小障碍物等复杂动作。喜欢爬、攀、滑、推等简单室外游戏活动，对小动物表现出浓厚兴趣。喜欢看、听、触摸各种物体，对颜色鲜艳、能发声的游乐项目特别感兴趣。推荐农场项目，看小动物、喂养小动物、玩泥巴、玩沙、在玉米堆撒欢等。

②3~6岁学龄前阶段。3~4岁之间的孩子体力极大增强，有能力从事一些最初步的游乐项目；5~6岁之间的孩子能够熟练地进行跳、跑、攀登等活动，可以学习实践复杂的技能，喜欢到户外进行游戏活动，对探索周围环境有浓厚的兴趣。这个阶段的儿童初步产生了参加农场实践的愿望，能够模仿成人进行各种实践活动。创造性的游戏、建筑游戏及活动型游戏等也较受欢迎。推荐农场项目，荡秋千、跳草垛、采摘水果蔬菜、开挖掘机、开拖拉机、玩水、露营等。

③7~12岁儿童阶段。这个阶段刚进入学龄期，学习为主导活动形式，开始主动寻求和想象中相符的游戏活动类型和场景，表现出极大的求知欲和学习兴趣。这个年纪的儿童比较好动，逐渐对体育运动、竞技类游戏表现出浓厚的兴趣，如登山、攀岩、游泳、徒步。推荐农场项目：迷宫、滑索、农耕体验、农事科普等。

第二，增加通玩套票和通玩超值卡。

①将原有的门票价格做些调整。

②增加通玩套票的选择，即买一张通票，农场里的游乐项目就不需要另外买票了，节省了时间，费用也比每个项目都玩一遍的开销总额低。

③还可增加超值卡、月卡、季卡、年卡。

第三，开发多种亲子旅游项目，丰富亲子农场内的活动种类。食住行游购娱是旅游的六大要素，在开发亲子农场旅游项目的时候，同样适用，围绕六大要素设计旅游产品，可以丰富农场内的活动，让父母和孩子充分享受在农场的时光。

①食：吃农家菜，农场自种的绿色有机蔬菜和水果，农场内养殖的有猪、牛、羊等牲畜类，鸡、鸭、鹅等禽类，鱼、虾、蟹、泥鳅、黄鳝等水产类。

②住：住民宿，充分感受乡村生活，让孩子体验有别于城市的居住环境，听蝉鸣蛙叫，鸡鸣鸟叫。

③行：主要包括在农场里的交通形式，可以骑自行车，骑马，坐马车，坐拖拉机；也可以体验传统的乡村交通工具，如骑三轮车，赶驴车，拉平车；还可以全家出动，爸爸拉车，妈妈和孩子坐车，感受一下黄包车的乐趣。

④游：为游览、参观，游览农场风光，观光农牧活动，观赏畜禽类喂养过程。农场还可以为孩子们准备儿童情景剧，由工作人员扮演孩子们熟悉的故事人物，如乌龟和兔子，白雪公主和七个小矮人等，表演情景剧让孩子们观赏。还可以在农场里沿着设定好的路线赶小猪，赶小马，赶小羊等，让孩子们观赏。

⑤购：第一种，购买亲子农场里现成的产品，如绿色有机蔬菜、水果，新鲜的肉类、蛋类、乳制品等旅游纪念品。第二种，购买加工好的产品，如烟熏肉类，香肠，风干的鸡鸭鱼等。第三种，购买还在生长期的植物，如学习栽种蔬菜花卉和水果，在农场里买好花盆和花泥，现场把植物栽好，带回家；或者直接认领一块土地，和家庭成员一起选种、犁地、播种、除草、收获，在自己的一亩三分地里，种下喜欢的种子，让父母和子女在与大自然的亲密接触中，增长知识，收获自己动手劳作之后的快乐。

⑥娱：所有在亲子农场里的体验互动活动，都属于娱乐的范畴。第一类，采摘喂养。根据季节的不同，采摘新鲜时令蔬菜水果；拿饲料拔草喂养小猪、小牛、小羊、小马；喂鱼；挤牛奶等。第二类，农耕活动。春播，犁地、播种、压地、盖地；秋收，打场、压场、手搓玉米、碾玉米面，让孩子感受农耕活动的辛苦，教育他们要珍惜粮食。第三类，民俗活动。根据地方特色和传统，开发民间风俗活动。比如江南地区的亲子农场春季可以把采茶泡茶加入亲子互动中。先由老师讲解茶叶的历史，然后在指定区域进行采茶比赛，活动结束后看茶艺表演，教授最简单的冲泡方法，让孩子亲手泡茶敬父母。第四类，手工制作。父母和孩子一起，用农村传统的炉灶锅具烹制食物；学做香肠、腊肉；制作南瓜灯，雕刻白萝卜花；推石磨、磨豆浆、做豆腐。第五类，竞技比赛。选择简单的体验活

动，如采摘蔬果，由父母和孩子合作，或者孩子自己独立完成，家庭之间、孩子之间进行比赛，能有效地增进父母和孩子的感情交流，实现亲子旅游的最终目的。第六类，父母儿时的游戏。父母指导孩子玩自己童年的游戏，如跳绳、跳皮筋、跳瓦片、丢沙包、捉蝴蝶和挖蚯蚓等，在这个过程中，孩子觉得很新鲜，很有兴趣，父母仿佛回到了儿时，得到精神的放松和愉悦，亲子关系也得到升华。

（三）"亲子文创+农旅融合"创新产业发展

1. 资源开发层面

在旅游资源开发上，乡村农业旅游可以说资源数量巨大，拥有很大的潜在价值。而亲子文创旅游本身作为一种"嵌入型"的旅游形式，不存在具体有针对性的旅游资源和场所，它需要一定的空间与环境作为依托。乡村地区恰恰可以为亲子文创旅游的开展提供独立的空间，乡村农业旅游资源也可以成为开展亲子文创旅游活动的一部分。更进一步讲，乡村农业旅游资源数量的多少、等级的高低在一定程度上决定了亲子文创旅游在产品开发上的深度和广度，两者的融合可以对乡村资源进行优化整合，达到保护与传承的效果。

2. 市场需求层面

亲子文创旅游是在消费者需求不断多样化和个性化的背景下逐渐从家庭旅游、儿童旅游中细分出的新型旅游形式，根据儿童不同成长阶段的身心特点和需求特征，不同年龄段的亲子家庭的消费需求存在差异，亲子旅游者层次化的市场需求促使乡村旅游产品在开发过程中，要进行市场细分开发，根据不同游客群体的身心及需求特征，有针对性地开发多元化、个性化的不同层次的旅游产品，从而更好地推动乡村旅游的个性化、层次化发展。亲子旅游者对旅游地的服务设施和安全保障措施要求较高的需求也会促进乡村区域内旅游资源、生态环境、公共服务、政策法规、居民素质等要素进行全方位、系统化的优化提升，有助于乡村旅游的全域化、特色化、规模化发展。

3. 产品功能层面

（1）教育功能层面

乡村旅游产品具有教育功能，人类的旅游活动自诞生之初便有满足人们求知与学习需求的功能，而亲子文创旅游产品的主要功能就是让儿童在亲子旅游的过程中获得知识与能力、塑造人格品质、锻炼身体素质，促进儿童的全面健康发展。而父母也能在这个旅游过程中更好地了解自己的孩子，从而科学地引导孩子的成长。乡村地区原生态的自然环境与多样的旅游产品形式让亲子文创旅游更好地实现旅游教育功能。

（2）情感功能层面

亲子文创旅游的核心功能是通过亲子在旅游过程中通过参与互动体验等方式增进亲子情感，优化亲子关系。乡村地区自然淳朴的生产生活环境为亲子情感的沟通和交流提供了良好的环境基础；相较于城市快节奏的生产生活方式，乡村地区宁静缓慢的生活方式可以延长亲子之间的交流互动时间，有利于提高亲子互动质量，优化亲子关系。

三、乡村生态旅游与健康产业发展

（一）乡村生态与康养小镇

1. 乡村生态旅游的内涵

乡村旅游是以乡村独有的民俗文化为开发基础，主要通过浓郁的乡土气息吸引城镇居民前往乡村体验当地民俗活动、宗教信仰活动及生产生活等，最终促进乡村地区的经济增长，其旅游产品更加注重体验性；而生态旅游不仅是在旅游中欣赏风景，更强调对生态的保护，在旅游过程中认识生态，保护生态，进而与生态环境和谐共处，通过这种渐进式的行为意识转变过程达到可持续发展的目的。乡村旅游对游客的文化层次没有过多的要求，相对于生态旅游更加大众化；生态旅游要求游客有较高的生态知识素养，相较于乡村旅游更加具有专业性。

但是乡村旅游与生态旅游之间又并非简单的对立关系。任何事物都不是单独存在的，都与其他事物有着关联性，乡村旅游资源多种多样，与生态旅游之间存在诸多交叉重合之处。所以，乡村生态旅游，可以视生态旅游为理论支持，以乡村旅游为实践主体，二者相辅相成，是有机融合的产物，更是落后的乡村经济发展模式转型与脆弱的乡村生态环境保护的迫切需要。乡村生态旅游，主体是乡村，内在要求是生态平衡。

由于我国乡村生态旅游的研究起步较晚，虽然有不少学者依据各自占有的资料和信息，对生态旅游的内涵加以提取和凝练，但是，整个学界并没有达成共识。学者比较认同的定义为：乡村生态旅游是以乡村旅游资源、乡村生态环境为旅游资源，以乡村为旅游目的地，处于乡村旅游与生态旅游融合的旅游活动；以乡村生态旅游发展为主题，融合乡村旅游资源整合、产业结构优化、生态环境优化、社会经济发展、农民收入提高于一体，培育农村科技文化，带动农业、农村、农民问题解决的乡村社区产业建设、经济发展的方式；是适合我国国情、促进新时期旅游产业与农业经济互动的可持续发展的、社会主义新农村建设的旅游活动。

2. 康养小镇概述

康养小镇是特色小镇的一种，是特色小镇具有爆发力的领域，要建设"产业特色鲜明、要素集聚、宜居宜业、富有活力的特色小镇"，可以将健康疗养、健康产品、生态旅游、医疗美容、休闲度假、体育运动和文化体验等业态聚合起来。因此，康养是特色小镇未来建设中很重要的主题，可以实现和健康相关的大量消费的聚集。康养小镇具有以下特征：

（1）具有地理资源优势

良好的生态环境和气候条件，是实现健康生活的一个重要基础条件。康养小镇可依托项目地良好的气候和生态环境，包括温泉资源、宗教文化、长寿文化和医药产业资源等，构建生态体验、度假养生、温泉水疗养生、矿物质养生、高山避暑养生、森林养生、海岛避寒养生、湖泊养生和田园养生等养生业态，打造养生谷、养生度假区、温泉度假区、生态酒店/民宿和休闲农庄等产品，形成生态养生健康小镇产业体系。

（2）产业特色鲜明

鲜明的特色，更能吸引消费者。康养小镇的产业应该是以健康为主的如养老产业、度假休闲、健康食品产业、体育产业和休闲农业产业等。

（3）功能明确

康养小镇和一般的小镇不同，功能性更强。比如体育产业，可依托峡谷、山地和水体等地形地貌及资源，发展水上运动、山地运动、户外拓展、户外露营、户外体育运动、养生运动、极限运动、徒步旅行、探险和传统体育运动等户外康体养生产品，推动体育健身、旅游度假和赛事等业态的深度融合发展。

（4）规模较大

康养小镇的规模通常较大，因为要将健康疗养、生态旅游、医疗美容、休闲度假、体育运动和文化体验等业态聚合起来，因此，项目占地面积通常会比较大，投资金额较高。

做康养小镇要充分利用好当地的生态特色，不但要考虑老年人的需求，更要吸引更多的年轻人到康养小镇来。

（二）健康旅游与康养产业

1. 健康旅游的概念与特点

（1）健康旅游的概念

当前，国内外大多都是从旅游发展某一角度或者某类旅游产品的角度来阐述健康旅游概念，因此视角不同，并且定义的主体主要以人为中心点出发，少数加入了旅游环境主体。这里基本上可以分为三种类别：第一，过程说，是泛义上的健康旅游的观点，这种观点认为有助于人们认识旅游活动和促进身体健康状况的改善是健康旅游起到的决定性作用，使得旅游管理部门更好地宣传和促销；第二，目的说，是狭义上的健康旅游观点，这类观点使得旅游企业对开发健康旅游产品、活动和项目更具有针对性；第三，要素说，这种观点认为健康旅游满足自然、健康、休闲的生活方式之一即可。

（2）健康旅游概念的补充——大健康观

"生理—心理—环境—社会"的健康谱系在30多年前被西方学者提出。现如今，我国提出的大健康观，是将健康价值的谱系进一步扩展，从全方位健康（健康—亚健康—非健康的疾病、衰老、失能、残障，个体健康和群体健康，健康的生活方式、生态环境和社会环境危险因素的控制，精神健康和德育健康），再到人所需要的流程。这足以表明，传统医疗产业模式与今天的健康产业概念的差别，健康旅游已经从"防—治—养"一体化模式取代传统的单一救治模式，健康产业将因此发生巨大的变化。

将健康的主体拓展到身体、心理、精神、环境和社会，并且健康不仅是从不好到好的治理过程，而是整个周期始终保持良好的状态并循环起来，即健康模式转向"防"和"养"。

（3）健康旅游的特点

①生态性。生态性就是指生物同环境的统一。环境条件是健康旅游开展的必需条件。例如，森林环境是森林浴的决定性因素，地热资源是温泉健康旅游所依托的条件，滨海健康旅游需要"3S"作为前提条件，对环境的要求比较高。生态环境的好坏直接决定着健康旅游活动的开展，因此对生态环境要求比较高，健康旅游活动通常为了让人们回归自然，在自然环境对健康的有利的情况下，从而达到安抚旅游者身心的作用。人类健康由自然因素改善，充分地表明人类的健康和生态环境息息相关。

②复合性。健康旅游在"食、宿、行、游、购、娱"六大要素中，把各种项目融入其中，从而产生复合型旅游产品，健康旅游产品的运作离不开景区的硬件设备。

③康复性。医学证实，人们的亚健康状在健康旅游的作用下可以得到改变。作为五大支柱治疗法之一的克奈普森林运动治疗法证示，森林浴被大家广泛地认为是最有效的方式。森林环境保健因子对人身体的康益性，是森林浴特殊的效果，达到使人身心愉悦的目的。

④文化性。健康旅游具有浓厚的文化特征。产品的创造和健康旅游牢不可分。就健康文化的内容来说，人类的身体健康是受到自然环境影响的。所以，我们要多层次，更加深入而严谨地研究，绝不能局限于某个单一的层次。

⑤技术性。健康旅游是一项综合的产业。例如，经过各种高端技术手段，观察到人们的身体情况，并有针对性地做出方案治疗，从而使得健康状况得到改善。例如在中医养生旅游中，对旅游者的身体实行中医的温和诊疗技术和特殊的医疗方法治疗，这样使得旅游者的身心更好地得到康复。

2. 康养产业的发展与策略

（1）康养产业的发展

康养产业是 21 世纪的新兴产业，是现代服务业的重要组成部分，关系国民的生存质量，影响经济社会发展。康养产业涵盖诸多业态，关联城市建设、生态环境、民风民俗、科技信息、文化教育、社会安全等众多领域，不过康养产业在中国尚处于起步阶段，政策的导向作用至关重要。

当前康养产业的发展，以加速医疗与养老、养生、旅游的融合最为关键，实现异地养老、旅游与医疗、医保的联动最为迫切，同时需要通过养老服务标准化试点等方式，在市场准入、财税金融、土地利用、医养融合等方面加大改革和支持力度。

（2）康养产业的发展策略

①解决认识问题。康养产业涉及方方面面，前期投入很大，做成熟需要很多年，需要保持政策的连续性。但追求经济发展速度，对投入大、见效慢的产业重视不足的做法时有发生，将严重阻碍康养产业的发展，亟须改变。

②解决观念问题。发展康养产业鼓励老年人异地养老，但对很多老年人与子女来说，异地养老的观念并不被接受。让老人到气候适宜、生活条件优越的地方去养老也是"孝"的体现。

③加大政策扶持力度，吸引社会资本参与。国家出台了一系列政策鼓励康养产业发展，各地应该积极做好配套，合力促进康养产业发展。在发展康养产业时，政府的扶持力度在很大程度上决定了社会资本投入的积极性，政府的直接投入毕竟有限，引入社会资本是必要的。

④培养专业人才队伍。当前康养产业急需的专业人才匮乏，直接制约了康养产业的发展壮大。人才是康养事业发展十分重要的条件，应重视康养人才队伍建设，建立完善康养职业教育体系，提高康养职业人才质量。

第三节　乡村旅游投资与管理模式

一、乡村旅游投资模式

（一）农户自主投资

农户自主投资是指农民个体或集体直接或间接地参与乡村旅游的生产和经营活动，并由此获得相应的收益。《国务院关于投资体制改革的决定》中明确规定了各主体的自主投资地位，实施"谁投资、谁决策、谁收益、谁承担风险"的原则，自主投资政策的实施，极大地带动了乡村旅游自主投资的发展。

（二）政府主导投资

乡村旅游的发展资金来源渠道虽然具有多样化的特征，但在资金来源总量中，国家投资扶持仍然是最主要的来源渠道，尤其是旅游设施的完善、基础设施的建设、经营管理的规范、市场秩序的维护、行业标准的确立、区域的统一规划等，这些工作都主要由政府来支持和推动。

国家或地方政府为了给本国或本地区农村经济发展注入新的活力，在政府规划指导下，采取各种措施，给予乡村旅游开发积极的引导和支持，这也是相当多的国家和地区发展乡村旅游初始阶段采取的主要模式，即把乡村旅游作为政治任务或公益事业来发展，把社会效益（如扶贫、增加就业等）放在经济效益之上，其典型特征就是政府参与规划、经营、管理与推销等活动，发展乡村旅游被视为脱贫致富的主要途径和首要目标。政府的旅游投资主要是为了满足整个社会旅游发展的需要。由于我国的乡村旅游还处于初级阶段，还有很多的旅游基础设施需要完善，而这些设施的建设需要数额巨大的投资，在当前形势下，政府的旅游投资仍然起着非常重要的作用。

（三）外来投资

有实力的旅游企业（旅行社、饭店）与具有一定旅游资源或者产业基础的乡村合作，共同进行大型产业园区的发展或旅游景点的开发。这种方式把城市旅游企业的资金、市场和经营管理人才与乡村中的景观资源、人力资源和物产资源结合起来，适合开发中型或大型旅游景区和度假村，是城乡结合、旅游支农的一种新形式。

但是，外来投资的资金注入面临的最大问题是旅游企业与当地农牧民的利益分割问题。由于旅游企业是直接从事旅游产品生产和供应的基本单位，因而旅游投资的目的是根据旅游市场供求状况和旅游消费特点，选择旅游投资项目并投入一定的资金以获取应有的经济效益。一般来说，外来企业往往把追求最多的利润放在首位，而当地农牧民又往往看重自身的眼前利益。处理好外来企业与当地农、牧民的双方利益，包括双方的长远利益与眼前利益的关系，是调动双方积极性，实现"双赢"、长期合作的关键。由于旅游经营与分配的决策权在于外来企业，因此在这方面外来企业处于主导地位。

（四）合作经营

合作经营是指由多个投资主体共同对某一旅游项目进行投资的形式，可以是多个企业联合投资，也可以是企业和个人合作投资。以乡、村为单位，或若干家庭和个人自愿集资、出劳力，组成产权明确、资产、责任与利益相关联的联合开发、自主经营的旅游景区和企业，乡、村的历史文化资源可以成为集体的资产，这种体制的开发经营资金较丰厚、人力资源较丰富。股份合作制是一种具有集体所有制性质的企业形式，实现了资金、人力和智力的结合，具有一定的规模和实力，是引导农民共同致富的有效形式。目前，乡村居民对乡村旅游的发展投资形式有多种，可以是资金投资，也可以是土地投资，还可以是劳动投资，这里的劳动投入主要是进行服务性的工作，即表演、管理、服务等。

针对这些投资要素进行组织，可以建立一个股份合作有限公司，将整个乡村旅游的投资额划分成等额股份，社区居民按投资大小享有股份。对土地与劳动的估价，在遵循市价的基础上，由全体投资人集体决定。投资构成可以是"公司+社区+社区居民"，也可以是"公司+社区居民"或者"政府+社区居民""协会+社区居民"等形式，至于社区居民总的投资比例需要根据总投资额来定。因为居民的资金投资有限，必须首先在满足资金的前提下，才能将劳动与土地折股。农民作为投资者，其回报主要是从乡村旅游发展的利益中分红。既为投资，就必然会有风险存在。所以，为了保障居民的投资利益回报，企业和政府必须努力使乡村旅游朝着良好的态势发展，只有这样才能激发居民的积极性，使他们的投资利益最大化。

股份合作有限公司具体运营模式可以是投资企业管理，也可以外聘管理公司管理。这两种运营体制都可以让管理与运营直面市场，而不会受政府经营体制弊端及社区居民管理水平相对落后所制约。投资人作为股东享有监督权与利益分配权。对以劳动作为投资的居民，他们无权进行其他活动，只能为公司服务，完成公司指定的任务；而对于以土地或资金投资入股或者不是投资人的居民，可以在公司允许的前提下经营其他内容。股份合作制公司发展到一定阶段后，可以向股份有限公司转化。

二、乡村旅游管理模式

随着乡村旅游的不断发展，其开发模式也呈现出多元化。一般来说，乡村旅游经营管理的模式是根据旅游资源和客源市场来确定的，不同的资源禀赋和地域客源市场，经营管理的模式也不一样。模式是否科学合理，决定着旅游资源与客源市场的对接度，直接影响着乡村旅游可持续发展。本章节结合多地的乡村旅游，从经营管理主体的角度出发，对乡村旅游的管理模式进行了总结。

（一）"农户+农户"模式

这是乡村旅游初期阶段的经营模式。在远离市场的乡村，农民对企业介入乡村旅游开发普遍有一定的顾虑，甚至还有抵触情绪，多数农户不愿把有限的资金或土地交给公司来经营，生怕有什么闪失使其"陷"进去，他们更相信那些"示范户"。在这些山村里，通常是"开拓户"首先开发乡村旅游获得了成功，在他们的示范带动下，农户们纷纷加入旅游接待的行列，并从中学习经验和技术，在短暂的磨合下，形成"农户+农户"的乡村旅游开发模式。这种模式通常投入较少，接待量有限，但乡村文化保留得最真实，游客花费少还能体验到最真的本地风俗和文化。但受管理水平和资金投入的影响，通常旅游的带动效应有限。在当前乡村旅游竞争加剧的情况下，这种模式具有短平快的优势。他们善于学习别人的经验，吸取别人的教训，因其势单力薄，规模有限，往往注重揣摩、迎合游客心理，极具个性化服务。例如，北京平谷金海湖镇红石门村，只有六家农户搞民俗旅游，接待条件一般，但其真诚的个性化服务让游客动容。

（二）"公司+农户"模式

这一模式通过吸纳当地农民参与乡村旅游的经营与管理，在开发浓厚的乡村旅游资源时，充分利用农户闲置的资产、富余的劳动力、丰富的农事活动，丰富旅游活动。同时，通过引进旅游公司的管理，对农户的接待服务进行规范，避免因不良竞争而损害游客的利益。

（三）"公司+社区+农户"模式

这一模式应是"公司+农户"模式的延伸。社区（如村委会）搭起桥梁，公司先与当地社区进行合作，再通过社区组织农户参与乡村旅游。公司一般不与农户直接合作，所接触的是社区，但农户接待服务、参与旅游开发则要经过公司的专业培训，并制定相关的规定，以规范农户的行为，保证接待服务水平，保障公司、农户和游客的利益。此模式通过社区链接，便于公司与农户协调、沟通，利于克服公司与农户因利益分配产生的矛盾。同时，社区还可对公司起到一定的监督作用，保证乡村旅游正规、有序发展。

（四）公司制模式

这一模式的特点是发展进入快、起点层次高、开发有规模，如果思路对头、经营科学，容易使乡村旅游开发迅速走上有序化发展的道路。广西兴安县开发的"乡里乐"和"忘忧谷"两个旅游点品牌响亮，主要是经营管理起点较高，一开始就实行公司制经营管理。如位于广西壮族自治区兴安县的"忘忧谷"就是由当地农民注册成立的"瑶苑旅游开发公司"经营管理的，而"乡里乐"则由三个农民集资注册成立的"乡里乐休闲庄公司"开发经营。

（五）股份制模式

这一模式主要是通过采取合作的形式合理开发旅游资源，按照各自的股份获得相应的收益。为了合理开发旅游资源，保护乡村旅游的生态环境，根据旅游资源的产权将乡村旅游资源界定为国家产权、乡村集体产权、村民小组产权和农户个人产权四种产权主体。

在开发上采取国家、集体和农户个体合作的方式进行，这样把旅游资源、特殊技术、劳动力转化成股本，收效一般按股份分红与按劳分红相结合，进行股份合作制经营，通过土地、技术、劳动等形式参与乡村旅游的开发。企业通过公积金的积累完成扩大再生产和乡村生态保护与恢复，以及相应旅游设施的建设与维护；通过公益金的形式投入乡村的公益事业（如导游培训、乡村旅游管理）以及维护社区居民参与机制的运行等；通过股金分红支付股东的股利分配。这样，国家、集体和个人均可在乡村旅游开发中按照自己的股份获得相应的收益，实现社区参与的深层次转变。

通过"股份制"来进行乡村旅游开发，不仅明确了产权关系，广泛吸收了各方面资金、物力、技术等生产要素，而且把社区居民的责、权、利有机结合起来，形成与企业风险共担、利益均沾的机制，引导居民自觉参与他们赖以生存的生态资源的保护，保证乡村旅游上规模、上档次的良性发展。

（六）"政府+公司+农村旅游协会+旅行社"模式

这是当前比较常见，而且能把效益发挥到最大化的一种经营模式。其特点是充分发挥旅游产业链中各环节的优势，通过合理分享利益，避免了过度商业化，既保护了本土文化，又增强了当地居民的自豪感，不仅推进了农村产业结构的调整，也为旅游可持续发展奠定了基础。此模式各级职责分明，有利于激发各自潜能，形成"一盘棋"思想。具体来讲，政府负责乡村旅游的规划和基础设施建设，优化发展环境；乡村旅游公司负责经营管理和商业运作；农民旅游协会负责组织村民参与地方戏的表演、导游、工艺品的制作、提供住宿餐饮等，并负责维护和修缮各自的传统民居，协调公司与农民的利益；旅行社负责开拓市场，组织客源。

（七）"政府+公司+农户"模式

从目前一些地区乡村旅游发展现状来看，这一模式其实质是：政府引导下的"公司+农户"，就是在乡村旅游开发中，由县、乡各级政府和旅游主管部门按市场需求和全县旅游总体规划，确定开发地点、内容和时间，发动当地村民动手实施开发，开发过程中政府和旅游部门进行必要的指导和引导。由当地村民或村民与外来投资者一起承建乡村旅游开发有限责任公司，旅游经营管理按企业运作，利润由村民（乡村旅游资源所有者）和外来投资者按一定比例分成，除此以外，村民们还可以通过为游客提供住宿、餐饮等服务而获取收益。这个模式一是减少了政府对旅游开发的投入，二是使当地居民真正得到了实惠，三是减少了旅游管理部门的管理难度，因而是一种切实可行的乡村旅游经营模式。

（八）个体农庄模式

个体农庄模式是以规模农业个体户发展起来的，以"旅游个体户"的形式出现，通过对自己经营的农牧果场进行改造和旅游项目建设，使之成为一个有着完整意义的旅游景区，能完成旅游接待和服务工作。通过个体农庄的发展，吸纳附近闲散劳动力，通过手工艺、表演、服务、生产等形式加入服务业中，形成以点带面的发展模式。个体农庄这种农业生产经营模式，可以把农业家庭分散经营集中起来，形成一定规模，并按照现代工业的经验管理方式运作，实行企业化管理、专业化生产、一体化经营、市场化竞争，使小生产和大市场成功对接。这种形式使得先富帮后富，最终走向共同富裕的道路。

第六章　乡村旅游发展的创新路径

第一节　乡村旅游的产业融合、生态建设

一、乡村旅游与产业融合

产业融合指不同产业或同一产业不同行业相互渗透、相互交叉，最终融合为一体，逐步形成新产业的动态发展过程。产业融合可分为产业渗透、产业交叉和产业重组三种类型。产业发展是乡村全面发展的基础，而产业融合是产业发展的现实选择。乡村有着丰富的农业资源，发展乡村旅游能够实现一产、三产的融合发展，在全域旅游思想的指导下，通过乡村旅游的发展促进产业之间的深度融合，不仅有助于乡村振兴，而且能够反向促进乡村旅游的发展。

（一）农业与旅游的融合

1. 农旅融合

农业是国民经济中的一个重要产业部门，主要是利用土地资源进行生产的产业部门，按照产业类别划分，属于第一产业。广义的农业包含范围比较广泛，主要包括种植业、渔业、林业、畜牧业及对这些行业产品进行小规模加工或者制作的副业。

农旅融合是基于产业融合的概念衍生出来的一种新型产业。总体来说，它是以第一产业农业为基础，通过旅游这一途径实现农业和旅游业共同发展的现代观光农业。具体来说，它是以农业生产模式、农民生活方式和农村生态为要素，以自然资源和地域文化为载体，为消费者提供休闲、观光、体验等服务的旅游经营活动。农旅融合是农业与旅游产业相互交叉渗透形成的一种旅游发展的新业态和新型消费方式，它将农业资源和农业生产运用到游客体验服务上来，扩宽了农业和旅游业的产业范围，具有二者的共同属性，除了农业的季节性和地域特征及旅游的休闲和市场特征之外，还具有一些独有的特征。农旅融合涵盖了农业、林业、牧业和渔业等多个行业，融入娱乐、观光、休闲、体验等多种功能。发展休闲农业和乡村旅游不仅能为经营者带来可观的经济收益，也有效缓解了农村剩余劳

动力转移和留守儿童的抚养教育等问题，实现了经济和社会的双重效益，同时为休闲旅游者提供了回到乡村休闲娱乐、放松身心的机会，从而满足城市居民的休闲需求。

随着消费市场的转型升级，乡村旅游从观光逐渐朝着融观赏、考察、学习、体验、娱乐、购物和度假于一体的综合性方向发展。在乡村振兴的发展背景下，进一步促进农业与旅游业的深度融合发展是十分有必要的。

2. 农业与旅游融合的形态

（1）"种植业+旅游"

种植业是农业生产的重要组成部分，是通过栽培各种农作物及取得植物性产品的农业生产部门。种植业是乡村农业发展的重要组成部分，农业经济作物的种植、生长过程为乡村提供了独特的农业风光，而这正是发展农业观光旅游的重要资源，与此同时，城镇化的进程使得农事活动成为城镇居民的主要体验活动。例如，中小学生可以到农村体验农事活动。

（2）"特色花卉+旅游"

花卉作为特色农业，随着旅游业的发展成为花卉旅游，比较具有代表性的就是河南鄢陵。近年的农家乐迅速发展起来，鄢陵以独特的花卉优势占据一席之地。它有着特色鲜明的旅游资源，也是发展农家乐旅游形式的前提条件，虽然河南有多处知名农家乐，但多以山水为依托，如焦作云台山农家乐；也有的以民俗为主，如郑州惠济农家乐；而鄢陵则以特色花木为依托，依托得天独厚的地理位置，便利的交通形成的较强的可进入性，发展成集花卉观光、休闲及采摘为一体的特色农家乐，游客可以吃、住在农家院，还可以体验农事活动，在花海中欣赏花卉的姿态，在农园中品尝果实的甘甜，农家与花乡风情融合为一体，在周边城市独树一帜，形成鲜明的特色旅游区。同时，河南省旅游开发的重点"三点一线"即洛阳、郑州、开封和黄河旅游线，和鄢陵县相距不远，旅游信息、客源、旅游交通、旅游人才等向鄢陵县的辐射和扩散，带动鄢陵旅游业的发展。这样优越的条件，为农家乐的开发提供了良好的条件。同时，政府也对农家乐的开发提供了政策上的支持，鼓励农民积极参与其中，加大基础设施建设力度。随着休闲时代的到来，回归自然的休闲体验旅游将成为国内外旅游的新趋势。

整合转化花卉农家乐。挖掘花卉文化内涵，提高产品档次。一个旅游产品要在市场上立足，就要确定发展目标，满足旅游者需求才可以保证市场客源，维持发展。旅游者的行为可以分三个层次，即基本层、提高层与专门层次。目前，我国大多数乡村旅游者仅停留在悦目、悦身的较低层次，而达到悦心、悦志的高层次感受较少。所以对鄢陵农家乐开发出重点特色项目，以提高档次，满足人们悦心、悦志的要求。在花乡农家乐中开发娱乐项目，如花茶、花卉烹饪餐、干花制作等工艺作坊。在采摘农家乐中开发如樱桃、大枣采摘比赛等。还可利用当地温泉开展温泉疗养，利用古玩交易市场挖掘古玩文化等。

利用花卉季相特征开发旅游产品。鄢陵以樱桃和蜡梅为主要花卉观赏：五一樱桃、冬季蜡梅。可在这两种植物种植时再配以夏季与秋季的观赏花卉果木，避免接待设施闲置，如种植桃树，可在春游时赏桃花，初夏时进行桃果采摘；种植桂花，在秋天时可游赏桂花等项目。以不同季节变换营造各种景观，形成特色产品，避免淡旺季的分明，减少旅游接待设施的闲置。

花卉文化结合参与式旅游，可加强旅游的感受。旅游者选择乡村，不是为了低廉的花费，而是在寻找曾经失落的净化空间和尚存的传统文化氛围；他们参加农业劳动不单是健身，而是精神享受。可以根据农家乐的目标定位开发具有花卉文化内涵的项目，重视花卉文化与参与式旅游的结合，增加娱乐项目，突出果实的采摘、烹饪花卉餐饮等体验功能活动，让游客在动手中体会花卉文化的内涵，增加旅游的感受。也可延长游玩时间，开展餐饮住宿服务，提高旅游的收入。

3. 农业与旅游融合带来的社会经济变化

（1）农业、旅游产品及服务的变化

第一，现代农业技术的不断推广，农产品规模的扩大使其产量不断提高，但是信息与沟通不畅就出现了产品滞销的现象，而现代农业旅游的目的就是融合现代农业与旅游业，让城市游人融入乡村，把城市产品信息带进来，把农村产品带出去，在采购农村产品时兼顾了解农产品的生产加工过程，同时将这些农业的信息带入城市之中。第二，农产品的生产和成品都是旅游农业的关键性产品，它的质量提升也是重中之重，高质量的农产品才会出现高质量的农业旅游体验。第三，开发现代农业生态旅游产品，将餐饮、采摘、休闲娱乐集于一身，形成以农村风貌为主的新型农业旅游产品，以达到整合资源、丰富产品、形成优势特色产业的目的。

（2）城市发展布局的变化

农业和旅游的融合驱动了城市发展布局的变化。产业融合常常选在城郊集合地，而此时城乡一体化让城郊结合区变成了重要的支撑地，尤其是特大城市负荷发展的状态下，为了缓解交通和土地的紧张氛围，城郊区的发展是主要的趋势。过去的城郊区没有完备的配套设施，交通状况也未得到很好的解决。此时，卫星城出现了，它有着独立的特性，建立在大型城市周边，有着完善的公共设施和住宅。现代农业旅游产业丰富了卫星城的形态，城市产业和田园可容纳大量人口的流入并解决就业问题，让城市实现自给自足。一、二、三产业的融合让区域形成了多样化发展局面，卫星城的特征就是协作生产、提升设施水平、增强独立性，最终达到生活工作平衡态势。所以，现代农业旅游将与城市建设结合，改变当前城市发展的布局。

（3）社会经济发展状态的变化

农业与旅游的融合终会带来社会经济发展状态的一系列变化。现代社会经济关键要素就是有机农业、生态旅游和低碳生活。把这些要素集合在一起的农业旅游业将在几个层面带动社会经济的发展：对旅游业来说，可以提升其经济收入，城郊区与卫星城的农业旅游区会有大量的城市人口被引入，在田园进行体验和休憩，原生态的农业旅游会激励区域旅游相继发展并增加经济收入；对相关产业来说也会带动它们相继发展，专业化与分工体系是现代农业旅游的核心所在，现代农业与旅游元素在产业价值链中有着重要的作用，而与农业旅游业相关的产业也将发挥融合作用，它们的融合与整合共同形成竞争力；对区域范围来说也会促进其发展，农业与旅游属于绿色经济范畴，大部分的区域不具备工业发展的条件，它们具有丰富的旅游资源和发达的农业，而这些将是农业旅游发展的优势和特色，对区域经济起到促进作用；对区域文化来说也将会促使其繁荣发展，旅游业会带来很多的文化让其进行交流，城市化的改造会提升教育的本质和公共设施资源，农业旅游会提升当地居民的素质和见识，形成区域文化的繁荣发展。

总之，现代农业转型的重要路径之一就是农业和旅游的融合发展，同时也是旅游多元化发展的必然选择，基础研究是推动农业与旅游融合的持续性发展。对于目前国内学术界农业旅游融合发展的理论性研究中有分歧与争议，因此，立足旅游、企业、产业融合理论等多视角，以农业现实困境为起点，对农业旅游融合发展的基础、动力、发生过程及特征、结果等进行思考与梳理，并进行初步的探讨，但其中存在较多的局限性。总之，目前关于农业旅游融合发展的规律、效应及发展水平的测度研究处于探索期，融合发展的业态、资源等的监管与引导等更深层次的研究也处于空白阶段，现实的中国农业旅游理论研究是滞后的。

据现阶段我国发展实践显示，理论研究应从两个层面进行探索。

第一，重视对旅游、农业与经济间的关系融合发展的研究，认清推进农业旅游发展的风险。当前农业旅游融合发展是推动农业经济转型、社会文化复兴的重要策略，农业旅游融合发展已是全国各地农业转型的重要抓手。在现实中产业融合发展这一政策的推动突出了农业过度旅游化所造成的投资热和非农业化问题，违反了农业区域经济发展规律造成政府管控成本增加，也引发社会矛盾问题。所以，要处理好融合发展与区域经济农业间的关系，做好各区域农业旅游融合发展策略、各种旅游需求对农业旅游融合发展基础问题的研究，真正实现遵循旅游需求与经济规律，找准发展路径，科学有效地推动其融合发展。

第二，加强农业旅游融合发展资源、经济及管理。融合发展新业态与经济有着一定的特征，也造成旅游市场需求的无法把握与预测，而"非标化、非规模以上、非正规就业"这样的特征也使农业旅游融合发展无法分类、统计、监管与引导。但这是未来发展的趋势所在，只有将农业资源的基础研究工作做好，才能进行产业融合发展的科学预测和管理。

4. 农业与乡村旅游融合路径

（1）创新完善农业现代化与乡村旅游融合发展体制机制，强化配套政策

理顺二者间深度融合的体制机制，是实现农业现代化与乡村旅游高层次、深领域融合和良性互动的根本保障。创新完善体制机制，应强化统一规划意识，健全第三产业和第一产业行政主管的协调机制，建立衔接机制，破除条块管理和传统僵化管理体制。在完善融合发展中，还应健全与完善相关管理体制，注重利益驱动机制。强化配套政策，重视资金与财政支持，加大资金投入以完善乡村旅游发展中基础设施建设落后的问题；加大资金投入可改变乡村旅游和农业产业融合中缺乏统一规划和科学指导的问题，以实现二者深度融合所需资金的保障，进而实现农业与乡村旅游互动可持续的发展。

（2）探索创新融合模式

乡村旅游与农业现代化深度融合属于全新的农旅项目，是新农村建设中拉动经济快速增长的重要引擎，其发展空间与潜力较大。乡村旅游与农村现代化融合具有重要的社会经济效益，在融合中应注重模式的创新，以发挥更好的作用，以拉动经济的发展。实践中二者融合模式的选择应以因地制宜、实事求是为原则，从当地经济发展需求出发探索新方法、新模式。如休闲农场模式、农业园区模式、农业休闲观光旅游模式及家庭农场模式等。

（3）发展现代农业、培育生态消费观念

我国有着丰富的乡村旅游资源，在与农业现代化融合中应重视培育生态、文化的乡村旅游观念。特别是融合产品和项目方面的创新，更应突出特色农业生产的地位，改变过分突出与重视资源发展的消费观。培育生态旅游消费观念，改变传统粗放式发展模式与理念，满足人们多元化、个性化旅游的需求，提升农业现代化与产业结构的优化和调整。

总之，在对乡村旅游与农业现代化融合的探索中，虽然积累了丰富的经验，但仍有诸多问题。要实现二者真正的深度融合，就要全面审视二者融合中存在的问题，分析问题成因。实现乡村旅游与农业现代化深度的融合应全盘考量，完善体制机制、强化配套政策，探索新的融合模式，发展现代农业生产、培育生态旅游观念，以优化升级产业结构，实现乡村社会快速、良好的发展。

(二) 乡村生态旅游与生态养殖特色农业的融合

1. 生态养殖特色农业与乡村旅游融合的优势

生态养殖特色农业是以养殖为基础，以农业生态建设为特色的经营模式。与同样依托自然条件发展的生态旅游相比，它有更显著的经济效益。随着时代的发展与变迁，农业和旅游间的关联日趋显现，生态养殖特色农业功能突出，更可以改善生态环境质量，提供给人们多重现实的功能，让生态农业和观光旅游结合得更协调。尤其是在城市化加快和竞争日益激烈的社会背景之下，使得现代社会人群更加渴望能在优美的环境中回归自然、返璞归真，也成了社会阶层的共同诉求之一。

农村生态养殖区比较壮观，空气也清新，先进养殖工艺与生产结合，吸引着各地游客群体。随着社会群体收入的提高、闲暇时间的增加，更多的群体选择在农村放松自己。这也让生态养殖特色农业与乡村旅游融合变得更加强烈。若将生态养殖特色农业的科技应用、养殖过程与旅游者参与结合起来，开发利用农业资源、创造生态产品，既能协调农业发展、拓展空间、维护生态，又能扩大乡村游乐功能、开辟发展领域、繁荣农村经济，另外，也能形成以旅促农、以农兴旅、农旅互动的新格局，形成农村长远的发展方式。

而当前，农村发展中生态养殖特色农业与乡村旅游融合正逢其时，既成为现代农业发展的特征，又是经济增长的动力。生态养殖特色农业符合国家政策，随着农业产业化水平的不断提高，生态养殖场可以有效促进资源循环利用，通过生物技术、生态循环技术、产品深加工技术、食物链技术、人工组装技术等，实现生产无公害的标准养殖，满足人们追求天然、无污染、无公害的安全绿色生态产品需求。对乡村旅游来说，可利用生态养殖产品发展各种餐饮、休闲等项目，展现生态养殖的魅力，为旅游者奉上视觉、味觉的双重盛宴。同时，乡村旅游又可以有效消化生态养殖特色农业的系列产品，充分节省了大量运输、销售、损耗等所需费用，这也就为养殖农业增加了产品销路，实现了经济效益的最大化。

2. 生态养殖特色农业与乡村旅游良性互动和融合

(1) 加强协同规划与统一布局

生态养殖特色农业与乡村旅游之间没有天然的鸿沟，完全可以通过合理的协作来推动二者的交互。基于此，生态养殖特色农业一方面向集中、精良、特色转变，提高了产品技术含量与附加值，也让社会群体增加了探究与好奇心理；另一方面，向新、奇、特的方向拓展，更好地把握与调动市场消费。对当前生态养殖与乡村旅游来说，要打破生态养殖特色农业与乡村旅游的规划与管理格局，集中合力营造优势，就需要对二者融合发展做全面评估，收集并归纳数据信息，然后协同规划与统一布局，了解二者融合发展的分工配比，探索其切入点，整合农业旅游资源优势，让生态养殖特色农业利用乡村旅游提高产品知名度，打开养殖产品销路，占据市场；对乡村旅游来说，要利用生态养殖特色农业推出能够满足游客心理的产品和服务，借鉴成功经验，打造不同的观光体验与旅游感受。只有二者融合互动共识，打通交互关系，才能协同规划、共享资源、优势互补。

（2）做好政府引导与政策扶持

将生态养殖和乡村旅游融合，是艰巨的工程，单凭一方投资、利用是无法在短期内实现发展目标的，应有政府支持。生态养殖特色农业与乡村旅游融合发展，是生产要素的重组与转移的过程。首要问题就是资源与资金的整合，而当前财政压力大，要建立相应机构做好政府引导与政策扶持。首先，相关地方政府部门需要在政策上提供切实支持，迅速制定关于生态养殖特色农业与乡村旅游融合发展的优惠政策和产业管理政策，逐步完善在财政、税收、信贷、保险等方面扶持政策，为招商引资、合伙参股创设有利前提要件；其次，发挥国家宏观调控作用，优化农业资源配置，调整基础设施与相关土地政策，加强农业、交通、建设、土地部门的协作，指导、协调、管理生态养殖特色农业和乡村旅游的整合发展；最后，成立生态养殖特色农业和乡村旅游整合发展小组，由专业人员进行监察，做好服务质量、经营模式、环保的管理与监督，更应以"良性互动、融合共赢"为目标，让融合发展出成效，带动群众科学开发、保护环境，让生态养殖与乡村旅游融合发展更高效、更协调。

（3）构建技术创新体系

我国农产品的特色和优势就是价格低廉、质量出众，保障着经济的持续发展，特别是绿色生态农产品在市场一直占有较高的地位。而环境清洁、观赏体验独特也是乡村旅游的一大优势。随着农业技术的更新，物美价廉、环保清洁已不再是农产品的重要吸引力。而此时环境污染将乡村观光旅游的优势大大削弱。此时应有自主知识产权、核心技术工艺较新的产品，利用科技改善环境，才能抵抗高科技产品与更清洁环境的夹击。因此，需要地方主管与农业产业管理者联合推行自主研发生产、开辟多元化生态养殖产品线等发展策略，利用优惠政策与法规制度鼓励农村生态养殖业、生态旅游加以创新，并对自主创新给予奖励鼓励，让二者交互，促进生态养殖产业和乡村观光产业融合更高效。从农业与旅游长期稳定协作关系上分析，技术创新体系是融合发展的动力与支撑。随着信息技术与市场需求的发展与变化，二者融合也要不断研发新技术、新产品，技术创新是二者融合发展的永恒主题。因此，要构建技术创新体制和机制，提高产品质量与档次，走经济与生态结合的发展道路，拓展生态养殖特色农业的各项功能，引导传统经营向专业、集约、旅游相结合靠拢。技术创新是保持乡村旅游吸引力与竞争力的手段，要不断地创新技术、产品、服务、制度与管理，让生态养殖特色农业和乡村旅游融合发展追随市场需求，推动二者进行更高更深层次的融合发展。

（4）注重树立品牌效应

品牌效应是生态产品增加效益、提高价值的关键因素。我国有着种类繁多的生态型农产品，乡村旅游已进入商业运作期，形成成熟运作体系。但在品牌上的建树并不多，缺乏国际、国内知名度的代表品牌，因此制约二者融合、遏制了整体创收的增长速度。在这些困境下，要求农村主管部门推动品牌创收策略，扩展品牌市场，增加生态农产品与环保乡村旅游的竞争力。第一，可采取聘请指导或派遣的方式学习国际先进品牌运营模式，再结合自身实际创立优质农产品；第二，同步开展国外市场上农村原生态观光旅游体验会、品鉴会等，集中传播品牌价值，形成市场效应，以拓展品牌战略。品牌效应可以延续商业产品价值，为生态养殖特色农业与乡村旅游融合发展带来更高的社会经济效益。生态养殖特色农业的目标是绿色有机食品，而规模养殖方式会在短期内获得高效益，提供给人们环保有机的食品，满足他们的消费愿望，与乡村旅游融合能让游客在生态养殖观光园区内观光体验、度假休闲、品尝特色等。而产品的品牌化发展，让这些绿色产品得到消费者的青睐，因此创造更高的附加值。在二者融合中，应开展特色宣讲活动，树立乡村旅游品牌效应，依托生态养殖特色农业，以乡村旅游为纽带，创造"专、精、特、新"的农业旅游品牌产品，提供给生态养殖特色农业与乡村旅游融合的发展环境。

（三）农村文化创意产业与乡村旅游的融合发展路径

1. 淡化产业边缘，实现灵活融合

乡村旅游重要的特征就是产业边缘淡化、边界不强，这为乡村旅游和文化创意产业融合发展提供了基础保障。在推动乡村旅游发展中，可考虑产业化其边缘以实现乡村旅游灵活的产业融合发展模式。此外，文化创意与乡村旅游融合发展并非无限度持久融合，针对各发展阶段灵活地融合发展，才会达到想要的效果。

2. 提高科技水平，实现便捷融合

运用现代高新技术，就能让产业间融合更加方便快捷。提高科技水平，产业的融合就增加了发展机会。而技术的提高能够改善产业的竞争优势，提高竞争力。对乡村旅游来说，依托先进的技术可以开发新产品，将其延伸后获得新业态，可以很好地改变产业路线，丰富产业形式，让乡村旅游融合发展获得延伸。所以，只有科技水平提高了，才能让旅游更好地融合发展。

3. 放松管制，完善跨界治理

乡村旅游是一个民生性产业，政府应放松产业管制，宽松的产业发展环境才能够吸引

人才向乡村旅游地区流动，资金向乡村旅游地区汇集，科技向乡村旅游地区涌入，完善资源要素，做好提供给产业融合的条件。产业融合中会造成规则制定、分配制度、资源配置等的不均，所以在融合中应尽可能完善跨界治理机制。要确保各集团的协调，实现联动发展，以集团目标为主，选择合适的管理模式，实现科学有效配置。可以从三个方面落实：第一，建立更高层次的管理部门进行统一指导，如成立指导委员会，让资源统一部署或调动，以提升产品质量；第二，建立奖惩机制，激发利益集团的参与动力，实现利益的规范与平衡，按照发展所需而采取激励政策，可设立市场产品营销、开发和人才引进等多方面的基金；第三，建立有效监督机制，利用完善的法规制度约束与监督相关利益主体的行为。

4. 以乡村文化旅游产业园区为依托，实现多元化融合

乡村文化旅游产业园区是依托人文遗存与生态文化资源打造的旅游景区或景点，但其文化创意不足，没有层次性特点，缺乏知名园区品牌和拉动效应，而产业收入也只依靠门票。当然，乡村文化旅游产业园区也有自己的典型优势，良好的产业融合氛围，雄厚的制度保障，也有艺术、文化创作素材，让产业聚集，形成乡村文化旅游价值体系，加速了融合发展和文化特色的培育，打造乡村旅游文化品牌。乡村文化旅游产业园区由文化与乡村旅游融合发展而来，在同类或相关产品生产的基础上分享市场，用相近的销售渠道、方式，借鉴科学技术与理念共享资源，实现多元产业融合发展新态势。

5. 加强协作，强化政策引导

游客需求日益变化，而且乡村旅游产业边界越来越模糊，所以乡村旅游产业融合发展呈现多种模式，可以与众多产业融合发展，包括休闲、文化创意、科技、生态、信息、养生等产业。因此，乡村旅游产业融合应关注多产业发展动态，加强合作与互补，发现并研究创新融合的路径；关注游客需求变化，以市场需求为导向，打破产业分离思维定式，打开产业融合思路与观念，推进产业融合新产品和新服务。在融合中，政策也十分必要。如文化和旅游部、国家文物局、国家广播电视总局、国家体育总局提供给乡村旅游和文化创意更好的发展前景。具体地可以从编制规划、制定原则与标准、评选示范基地等方面做出努力，提供给乡村旅游产业融合政策、资金、环境等方面的帮助。

二、乡村旅游与生态建设

（一）生态文明建设与乡村旅游

1. 生态文明建设

生态文明"指人类在适应与改造环境的实践中创造的人与自然持续共生的物质生产和

消费方式、社会组织和管理体制、伦理道德和社会风尚以及资源开发和环境影响方式的总和"。生态文明建设符合当今社会环境的建设需要，也是社会发展的要求。对工业文明来说，生态文明建设是新形态，是人与自然和谐统一的重要体现。它以环保为指导，以可持续发展的模式，以公正制度为保障，并与绿色科技结合在一起，合理生产实现人文生态协调共生。生态文明理念的提出，须提高人们的生态意识，也说明了生态环境的严峻形势。在 21 世纪，生态文明建设是大趋势，要求人们对人与自然的关系要有一个正确的处理方式，以保护好经济与生态环境之间的和谐关系。

2. 乡村旅游与乡村旅游生态化

乡村旅游不是旅游业的新业态，而是在新的历史条件下为适应时代发展的需要，被赋予新的功能。随着乡村旅游的不断发展，关于其理论研究也变得愈加细致。学术界没有统一的界定，但学者们普遍认同的是乡村旅游是以乡村空间环境、乡村特色生态资源、乡村特色文化为吸引物开发的多种类型的特色旅游活动。乡村旅游虽强调生态特性并以此为特色，但在建设中也受很多因素制约，造成乡村旅游开发背离生态性的原则。有些乡村旅游在开发的同时对生态造成破坏，让自然失去平衡。在旅游时主客体对环保意识的缺乏也对环境造成破坏。所以要以生态文明为理念进行乡村旅游的研究，让乡村精神在实践中得到体现。正由于这样的指导与应用，产生了生态的概念。而乡村旅游生态化是以旅游活动来满足旅游者休闲、回归自然的需求。其特点是：第一，凸显专业特征，生态化的乡村旅游有着专业性的特点，是生态环保的需要，它由发展与困境来决定转型方向，更体现出精神内涵；第二，强调环境保护功能。生态化指明乡村旅游未来发展思路，以传统为基础增加环保的参与，提升其规格；第三，教育作用，乡村旅游生态化强调教育功能，通过对游客的生态教育，提高环保意识。应注重环保、资源利用、经济与环境协调发展，让乡村旅游可持续地发展。

3. 生态建设与乡村旅游的关系

生态文明建设和乡村旅游发展是相辅相成的关系，生态文明理念是指导乡村旅游持续发展的原则，而乡村旅游开发和利用也在对生态文明理念做着宣传工作，推动了生态文明建设的示范性作用。

（1）生态文明理念指导着乡村旅游的持续发展

生态文明建设的意义是合理利用资源，以获得社会生态的平衡。乡村旅游与生态文明的融合，是让乡村旅游与经济和生态长远而平衡地发展下去。

第一，乡村旅游在全面的发展过程中，应以生态文明理念进行指导。其基础是人文与自然环境资源，它和生态环境关系密切。生态文明要求人们有生态文明观，以此来支撑乡村旅游的发展。随着环境资源负担的不断加剧，建设生态文明已无法拖延。生态文明可以缓解旅游开发所产生的污染、生态的破坏和经济发展需求矛盾，并提供支撑与指导。只有以生态文明理念为指导，才会保持乡村旅游长久的发展和未来的建设。

第二，乡村旅游发展依赖生态文明制度的约束。生态文明理念可以转化为生态规范和立法进而上升为生态制度。生态文明制度对人们的行为进行制约，在制度规范下人们会有好的生态习性，慢慢形成自觉的生态行为。在乡村旅游活动中有许多的主客体，因此，管理者们要有极强的环保意识，同时也要求游客应该具备自觉的环保意识。生态文明建设具有教化功能，它可以教化人们环保意识，在自觉的行为下对生态加以关注和保护。

第三，生态文明科技是乡村旅游发展的全新动力。新时期的生态文明，提出新的内容，强调现代科技的应用。生态环保也要结合现代科技和力量，运用新工具、新手段，并投入乡村旅游发展中，在保护环境的同时合理开发乡村旅游资源，促进其良好运行，以加速生态化转型。

（2）乡村旅游是生态文明发展的有效途径

第一，乡村旅游所独具的特点是适合生态文明的发展。乡村旅游虽然规模不大，却结合了当地民俗文化。来到乡村旅游目的地旅游的人一般都是在城市中居住的人，他们进行旅游活动的目的是亲近自然、体验乡土文化。而乡村旅游正是秉承这一特点，能缓解人们的生活压力、放松心情。另外，也可以减少对环境造成的污染，实质上，它是生态经济发展模式，乡村旅游的发展依赖良好的生态环境，所以在乡村旅游发展前，需要对乡村旅游目的地的生态环境进行规划；乡村旅游发展过程中，又需要注重乡村生态环境的保护。与此同时，乡村旅游能够让旅游者体验当地的绿色旅游风尚，体验生态文明带来的好处，促使他们不断增强旅游者的生态文明意识。从这些层面来说，乡村旅游是生态文明发展的有效途径。

第二，乡村旅游所开发出的具有乡村特色的产品，可以为生态文明理论提供传播的平台。乡村旅游让生态文明建设得以展示，它利用了自然生态景观与原汁原味的本土风情，向人们展示最淳朴、最自然的生态生活。在旅游中感受自然，正是这些产品的出现让他们也看到生态文明的内涵。利用乡村旅游绿色生态景观的独特之美，吸引游客感受旅游的情趣，进而接受生态文明的传播，获得生态旅游的丰厚硕果。

（二）乡村旅游生态转型路径

1. 以生态文明促进法律与制度建设的生态化

要促进乡村旅游生态转型就要做到以下四点：第一，要建立定量生态标准，发展生态理论，乡村旅游生态转型需要生态理论作为指导，而生态理论也在时代下被赋予新内容；第二，完善生态指标，为乡村旅游生态发展提供依据；第三，完善法律体系，法律法规是乡村旅游发展的保护者，也是生态文明建设落实的途径之一，因此，应推进乡村旅游法律法规体制的建设，制定行业标准与等级评定，促使乡村旅游的开发者和经营者在开发和经营过程中遵守生态文明方面的相关制度要求；第四，加强有效监管，政府制定的政策一般都比较合理，但有时会在执行环节出现一些需要解决的问题，因此，应建立监督机构，一边提供给乡村旅游管理与工作者相关指导，一边发挥监督作用，监督机构的设立要遵循公平开放原则，发现不符合标准的信息就要及时进行处理，把乡村旅游的项目质量大幅提升上去。

2. 以生态文明建设推进意识教育的生态化

第一，注入生态服务理念。乡村旅游正在一步步扩大着规模，旅游者也越来越要求提升服务质量。景区服务质量的好坏对游客关于乡村旅游的认可度有着极大的关系，此时生态转型是发展的必然，它所提供给游客服务的满意程度取决于管理者与工作者的服务意识与经营理念。人的行为源自思想意识，因此，乡村旅游生态化就需生态文明意识来支撑。只有人人都能明白生态文明建设的重要与生态教育的功能，才会实现乡村旅游更好的教育生态化。第二，把旅游和生态服务有机结合。乡村旅游生态教育功能要与服务结合才能发挥出其功效，让旅游者体验自然景观、生态教育。提升乡村旅游功能，发挥乡村特性。第三，对乡村旅游发展中的相关人员，应该加强培训和指导，实现工作人员素质的有效提高。提升群众生态环保技能，在发展乡村生态旅游时除遵守环保外，也要做到有效治理，减少生态破坏，提高治理效率。

3. 以生态文明推进特色旅游生态化

第一，运用生态技术，培育生态旅游业。现代乡村生态要转型就要以科技作为依托，降低生产投入的成本，提高旅游所带来的经济效益。乡村旅游的最终的目的就是促进生态保护、经济繁荣发展，而生态技术是此次转型最重要的推动力量。以生态技术研发环保产品，如太阳能发电等。第二，从乡村环境中发掘乡土与文化资源，从而研发出创意产品。此次转型也是人文和环境的融合，因为乡村旅游发展就需要对人文资源价值进行深度的挖掘，从不断挖掘与创作中发现更多新的旅游产品形式。开发"一村一品""一村一景"，不断推进以人为本和以生态为本的有机结合，彰显乡村旅游的生态内涵和绿色韵味。第三，将生态特色变成旅游经济优势。乡村旅游是满足新农村建设的要求，带动经济全面发展。生态转型就是要让生态与经济协调发展，因此就要把文化、景观、生态文明与科技结合起来，开发新的旅游体验产品，以满足日益增长的市场需求，把乡村旅游产业链继续延伸。

总之，生态文明理念是乡村旅游内涵的体现，生态文明建设提供给乡村旅游发展的机遇，乡村旅游生态转型也是生态文明建设的主要途径。如要解决乡村旅游如今的困境就要坚持生态文明指导，走绿色生态化的新路子。提高全民生态意识、完善规范标准、创新特色旅游。让乡村旅游与生态文明建设共同协调有序地发展。

（三）乡村生态旅游创新发展的有效路径

1. 宏观层面

（1）加强政企乡合作

乡村生态旅游有较广泛的影响范围，关系到当地经济建设和生活质量，具有带动性和联系性，政府部门对此应高度重视，并发挥自身引导和指挥作用，为生态旅游建设和发展提供保障。总之，政府成立工作小组，提供科学规划与指导，按照当地情况，制定乡村生态旅游政策，加强基础设施建设，加大推广，创造条件拓展资金源，注重管理人员的培训，提高综合素养和能力，增强乡村生态旅游管理水平。

企业在乡村生态发展、优化就业趋势、改善经济结构上有着关键性的力量。因此，管理人员应掌握市场，了解游客消费心理，以提高企业管理水平，探索当地文化与民风，进行产品设计，推进多样化的发展。另外，企业一边追求经济效益最大化，一边也要重视对环境的保护。总体分析生态系统的负荷，合理开发，无污染发展，以人们生活生态为前提，科学开发和利用土地。

（2）重视平衡性发展

乡村生态旅游发展可以实现新农村建设、生态平衡发展、农业进步，在这一综合发展过程中起着指导作用，对此，要从改善"三农"、转变城乡结构出发，打造乡村生态旅游，切实掌握市场形态，加强农业产业调整，改变农村就业难的问题，提高村民生活质量，加强城乡互动，实现全面和谐统一的社会经济效益。

（3）以城市带动乡村

政府应制定引导城市旅游和乡村旅游合作的相关政策，让城乡共同进步，协同发展，但要注意确保双方利益的最大化。城市旅游有资金和广泛又固定的客源，并有良好的口碑，因此乡村旅游应与其合作。例如，与旅行社合作进行生态短途旅行，以此提升知名度，与城市旅游进行合作，共同开发产品，共产共销，不断提高效益。政府方面可以制定优惠政策，把城市旅游吸引过来投资开发，以城市条件来推广生态旅游，把知名度提升上去，打造特色品牌，深化城乡旅游联系，以城市带动乡村实现共赢。

2. 微观层面

（1）突出乡村特色

城市生活节奏快，乡村慢生活的舒适安逸受到城市大众的欢迎，生态旅游备受青睐。传统的农家乐式乡村旅游无鲜明的特色，无法满足游客的需求。只有突出特色，拥有自主品牌的旅游项目，才能在市场上拥有更强的竞争力，占有市场。乡村生态旅游产品开发和设计，要打破思维模式，重点是当地的特色，明确自身优势，设计出新颖别致且有纪念意义的旅游产品。

（2）加强基础建设

交通一直是乡村生态旅游建设的重点问题，也是主要因素，有关部门应加大力度对交通方面的基础设施进行投资，完善交通网络，对乡村生态旅游地区临近的主干路要增加班车，在旅游高峰期时，特设城乡之间便利的公交，让游客出行顺畅。对于那些比较偏远的乡村景区可以设立二级干线或村内公路，增加基础设施，如临时休息区、加油站等。

（3）重视培训管理

村民在乡村生态旅游中处于重要地位，代表着乡村面貌，对于他们素养的提高非常重要。应加强职业培训管理，提升文化与服务质量。不断增强村民、建设有关人员、管理层对人与自然和谐统一的关系的更深层的认识，在利用生态资源中，要强化自身环保意识，履行维护生态平衡的义务和责任，严格要求自己，维系美好家园，进而促进社会、自然、经济与环境的和谐发展。

第二节　乡村旅游的人文发展、科技发展

一、乡村旅游与人文发展

（一）乡村旅游与乡土文化的保护

我国农耕文明历史悠久，在历史进程中形成的传统村落成为传统农耕文明的载体，而其中蕴含的乡村文化更是农耕文明的灵魂，这两者关系密切并融为一体。对于传统村落和乡村文化保护，常称其为传统村落文化保护，以强调传统村落和乡村文化保护的一体与融合发展。

1. 传统村落与乡村文化

我国的传统村落也叫作古村落。在 2012 年由国家四部委联合成立专家委员会将"古

村落"改为"传统村落"。传统村落是形成较早的村落，有着传统文化与丰厚的乡土积淀，这里代表着古代农业文明和古人文环境理念，是有着历史与文化价值的村落。它是农耕文明的遗存，是古代生产生活的充分体现。传统村落有着丰富的乡村文化，是我国民族传统文化的根基，承载着民族文化的精神内涵，凸显传统村落的重要价值。传统村落作为乡村文化的代表，文化积淀丰厚，成为复兴传统文化的依托，如今全民共同关注着传统村落文化的保护。

2. 传统村落文化的保护意义所在

传统村落在农耕时代慢慢形成，是国人精神的寄托，承载着国人的历史记忆，有着重要的历史意义和现实价值。其价值体现在以下几方面：

①传统村落有文化传承价值。千年农耕文明发展史中形成的传统村落，有着丰富的传统乡村文化。其承载着民族精神，是民族发展的基石和养分，也是历史文化传承的主要内容。

②传统村落可以增加民族凝聚力，是民族精神的依托。传统农村通过家庭连接，村落成为文化传承的载体，它把民族的各个阶段衔接起来。天然村落的文化与追求凝聚着极强的民族力量，是我国社会发展的精神动力。传统村落也成为当代走向城市农民的重要精神依托，还是飘游海外华人华侨的重要文化记忆。

③当代农村的发展可以借鉴传统村落的生态发展观，这有着重要的意义。传统村落中人与自然融洽相处的生态发展观，是古人的智慧所在，也是民族和谐、包容的价值观的代表，提供给当代农村生态发展与乡村建设借鉴功能。

④传统村落中的乡村文化，对农村秩序的维护和居民行为的规范有着重要意义。古代社会的生产生活因环境而受限，家庭文化的建立，对村落稳定、村民关系、生产秩序等方面的发展都有很大的作用，是如今农村治理可借鉴的最好方法。

⑤认同传统村落乡村文化可以激发居民文化自信，是推动乡村建设的原动力。传统村落所培养的文化信仰，是当代精神文明建设的重要支撑。二元城乡的到来，造成乡村文化的危机。但不论村落变迁还是发展，关于乡村文化记忆始终都是农村发展的精神力量，是激发居民奋发建设现代化新农村的精神力量。

3. 基于乡村旅游发展的"活化"保护

传统村落文化保护是农村整体建构，它是文化生态工程，而非简单地保护古建筑或扶持一种手工艺或培养非物质文化传承人便可实现的。虽然这些举措必不可少，但要让传统村落拥有生命力，就要与乡村文化共生，打造和培育传统乡村文化，共建生态环境，在传统村落形成生态文化场所，从而创新和发展。旅游文化消费与游客乡村生态文化消费都是对乡村文化复兴的一种刺激，有着牵引的作用，让乡村旅游文化推动传统村落与乡土文化的重生。

（1）乡村旅游产业化

社会发展进步的同时也会淘汰一些旧文化，将新文化显现出来，这是自然规律，也是人类进步的表现。当然，传统村落和乡村文化也不例外，都要经历发展与变迁。我国农耕时代较漫长，具有典型的农耕文明特征，它的表现形式和内容都与传统农业生产生活相关联。人类的发展与进步，现代农业取代了传统农耕形式，尤其是城市作为人类活动的中心。农村生产生活发生变化，传统村落和乡村文化的去向成为社会讨论与思考的话题。我们认为现代农业的生产方式虽然发生了重大变革，农业技术取得了重大进步，但并未改变其农业经济的本质，传统村落与乡村文化延续、传承与发展的基础依然存在。新时代的到来，传统村落和乡村文化要解除束缚，离开城乡文化的阴影自我发展，利用自身优势提高条件，这是传统村落和乡村文化得以保护的重要之处。传统村落要保留传统文化，不是一味地、被动地保存或原封不动地保存，传统村落要活化，要实现传统要素和现代功能的有机结合。但现实中，我国农村多数与城市存在差异，乡愁是美好的，但乡村却并不美丽，传统村落失去了以往的魅力，无法吸引居民，而乡村记忆的美好代替不了现代化在农村的发展之难。可以借鉴城市发展成果，提高功能，加强基础设施和服务建设，让农村更便利、更有时代性，实现现代化，让乡村变得更加美好，才会让传统村落和乡村文化发展变成现实。但城市功能融入农村生活，带给居民现代化享受的同时，要注重传统村落和乡村文化中优秀文化的保持和遗存，尤其是文化内涵和精神风貌的保持。

旅游业是可利用的手段，能把城镇现代化功能结合于传统村落与乡村文化之中，让旅游业与它们的结合变成可能。旅游的开发当然离不开社区的城镇化，乡村旅游不是让游客脱离城市生产，而是让他们在短期内回归农村体验传统生活，把传统乡村的文化记忆找寻回来。而农村现代化一直是居民所追求的生活方式，因此，也可以对传统村落文化进行保护，让旅游推动与引领农村持续发展。

（2）旅游与乡村文化的结合

在新时代的引领下，传统村落和乡村文化慢慢走向了衰弱，城市取代了乡村，但这并不代表传统村落与乡村文化就失去了发展的空间。我国是农业大国，农村人口众多，乡村文化依然是现代文化建构的重要内容。农业现代化脱离不了农业，而农村也还是农村，乡村文化只不过是农村发展的一种依赖。新时代的乡村要不受城市的影响做回自己，在城市中汲取营养再回归到现实理性之中。但是，在之前的很长一段时间里，我国的新农村建设只是简单地模仿城镇，照搬照抄城镇建设模式，对农村进行城镇化改造，盲目追求城镇的空间扩张与规模扩大，导致大量传统村落消失，农村社会文化遭到重大破坏。这样的脱离农村与乡村文化的传统做法无法保证乡村文化特色，无法使乡村成为宜居之处。宜居乡村需要农业现代化作为基础，让经济持续发展，提升整体发展力，提高人们的生活水平，带动乡村复兴，让农村变得更加有魅力，让美丽乡村的梦想实现。

在我国，乡村旅游发展越来越快，越来越好，而此时传统村落与乡村文化是最好且最重要的资源依托，有大量的游客被吸引到农村参与旅游活动，因此，旅游成了农村经济发展最重要的推动力量。而传统村落和乡村文化保护是其发展的要求，乡村旅游的目的就是让人们回归乡村，追寻乡村文化与农事体验。所以，只有保护好传统村落与乡村文化才可以保证乡村旅游顺利地开展。在此情况下，被保存好的传统村落迎来了发展机遇，居民懂得了家中房子与老物件的价值所在，是经济收益的来源，同时也让居民对这些文化提高了保护意识。所以说，旅游是这些文化的保护推力，乡村旅游中文化展演就是传统文化宣传教育形式，让人们认识到文化的意义与价值，从而能参与对其保护中；同时，在文化展演中，居民所具备的文化习得会相互传递。这一形式契合时代又传播文化，利于形成新乡村文化风尚，因此会诞生新的传统精神乡村文化。

（3）乡村文化的认同和现代化进程

当前，乡村旅游是保护乡村文化的有力手段，能够提升居民文化认同感。在发展中，生态文化是人们最青睐的，他们喜欢农村文化生活，且兴趣极高，因此乡土生活变成游客追逐的对象，保持乡土文化是关键。在这一过程中，农村居民通过乡村文化的习得与展演，增加了对传统乡村文化精神的认知，可以收获文化自信与自豪，强化身份认同，这为传统村落与乡村文化的保护与发展提供了重要的内源性动力。农村社会与主体只要适时适度、规划合理，强调旅游发展，重视文化功能，发展旅游业就会保护传统村落和乡村文化，也能增加居民对传统村落保护的热情。旅游为农村提供保护的条件，为传承文化提供动力。所以，旅游业为传统村落建设和文化传承提供新的路径。

传统村落和乡村旅游有着密切的关联，二者组合成了乡村旅游产品，挖掘传统乡村文化是旅游发展的手段。而传统乡村文化有着不可替代性特征，也让它成为最具自身特色的资源，在发展中得到保护。

（二）乡村旅游与乡风文明建设

1. 公共治理和传统礼俗结合，实现现代化乡村治理

传统乡村是礼俗社会，他们对伦理规矩特别重视；而现代社会却更加重视契约精神。当前我国乡村的状态并未发生改变，而规矩即"礼"仍是乡村秩序的准则。但因城市文化的影响，文明乡风的培育只依托传统道德是不能实现的，要以乡村治理机制为保障，从公共治理中找到方向，实现现代化治理，让文明乡风的培育拥有制度的保障。

完善乡村治理制度，摒弃不良乡风，弘扬优良作风，调解家庭矛盾，提供村民学习文化的机会，改变传统观念，提高综合素质，让村民参与乡村建设，并使其成为建设的主体。有序的文明乡风吸引游客的重要因素。

2. 加强乡村文化建设

在当前游客中，城市居民占较多数，发展乡村旅游就是让资源变成吸引的力量。城镇化中，城市文化碾压着乡村文化。因对城市生活的向往，居民会模仿城市中的生活，摒弃传统风俗，城市和乡村呈现同化趋势，这是对乡村旅游致命的打击。乡村旅游吸引人的地方就是与城乡的差异，若失去差异就失去了吸引游客的能力。

农业自然经济相对闭塞，各地都有自己的本地文化，如海南黎苗文化、妈祖文化、洗夫人文化、各地宗祠文化等，都根植于乡村，没有乡村它就失去了生命。各地组织力量挖掘本地文化，将它们融入乡村建设中；制订文化建设方案，打造节庆活动，让本土文化"活"起来，融入村民的生活中，让它焕发新活力。在乡村文化中，文明乡风是其重要的组成部分，只有乡村文化得到发展才会建设成文明乡风的良好环境。

3. 构建立体式礼仪教育

人们对风气的认知：第一，行为规则方面的认知，包括个人形象、社交礼仪、环境卫生、风俗习惯等，这些都是直接感知；第二，当地社会精神风貌与人内心幸福感，也是深层次感知。这些都是组成目的形象的因素，都有各自的吸引力量。乡村旅游发展要将这两个方面加以改善，提升吸引力的当务之急要从行为规则入手，进行礼仪教育。人有内、外两部分的礼仪素养，外在的行为素质、内在的综合文化素养。古人讲"诚于中而形于外，慧于心而秀于言"寓意也正在此。内在综合素养需要长期的提升才能实现，而外在行为素养则不需过多时间。

乡村旅游包括居民的生产生活，村民主体能让游客感知旅游吸引物。对城市来说，乡村发展落后，乡村居民大多缺乏文化熏陶，不管是个人形象还是人际交往都缺少规范的约束，不良行为随处可见。要建立礼仪教育机制，进行教育。第一，通过对乡村现代化治理和文化建设，促进村民学习意识，让村民养成自主学习的习惯。第二，以家庭为主开展青少年礼仪教育。我国教育理论就是"幼儿养性，童蒙养正，少年养志"，乡村居民文明礼仪要从孩童时期抓起，在生活中建立行为准则，让孩子受教终生。第三，学校教育。在学校课程中纳入礼仪教育，突出教育效果。第四，社会教育。在生活中锻炼交往能力，学习礼仪，尤其是乡村节庆活动最能加强礼仪教育的实践性。

4. 发掘和培育乡贤文化

在古代乡村治理中，乡贤文化作用重大。封建社会官方未深入乡村进行统治，乡村治理只有乡贤连接着居民和行政单位。当时的乡贤在乡村中有着较高话语权和地位。乡贤指传统乡绅中有文化、有贤德和担当的人，也指贤达人士。乡贤文化包括古代遗留的传说，文献、文物和热爱乡土、文化精神，也包含现代乡村对乡贤精神的继承。这些精神在历史乡村治理中有着重要的作用，在当今乡村中也有价值意义。发掘和培育乡贤文化，利用乡贤协调乡村秩序，培育乡村文化的发展力，促进文明乡风建设，以推动乡村旅游的发展。

（三）乡土文化传承下乡村旅游的可持续发展路径

乡土文化和乡村旅游，二者的发展是相互促进的，只有两者进行充分互动，才能实现乡村振兴。但乡村要产生吸引力，无论是对内部村民来说，还是对外来投资者、旅游者来说，文化是最根本的要素。乡村旅游可持续发展的意义：一方面，带动当地文化的持续发展；另一方面，乡村旅游在当地地位极高，是推进城乡一体化建设的动力。在乡村旅游发展中，乡土文化得到了传承才能让乡村旅游持续发展。所以要发展乡村旅游，就要深入挖掘乡村文化内涵，赋予乡村灵魂，通过文化促进乡村的复兴与繁荣。挖掘当地独特的文化内涵，首先要挖掘村民原汁原味的生产生活方式。村庄的历史、民俗当中，都隐藏着乡村独有的历史文化积淀，这些同样是乡村旅游的"富矿"。其次，将乡村旅游与特色文化结合起来，有助于打造出更丰富的旅游产品，进一步拓宽旅游发展空间。近年来，各地围绕乡村文化做文章，取得了明显成效。

1. 发掘乡土民情、弘扬乡土文化

乡土文化如何渗透于乡村旅游之中，成为当前的重要问题。应以当地特色文化为指导方针，突出乡土气息，并在开发中得以展现。乡村饮食风俗、婚俗民情、节日庆典等活动都有着丰厚的乡土色彩，这些资源对乡村旅游可持续的发展有着巨大的推力。例如，七夕是人们举办婚俗礼仪的亮点，也是对传统婚俗的深化，以此吸引大量旅游者，并弘扬乡土文化。

2. 重视乡土文化开发和保护

政府要以特色文化为铺垫，结合科学发展理念，制定乡土文化开发策略，结合对当地乡土文化资源的评估和调查，将传统乡土文化融入总规划中。此外，要脱离城市的影响，以当地发展为目的，以乡土文化显示出乡村旅游的性质。

3. 居民应重视乡土文化的重要性

乡土文化作为乡村旅游的灵魂，在乡村旅游中有着独一无二的作用。广大居民对乡土文化资源没有高度的认识，保护意识较弱，让很多地区乡村旅游文化资源遭到破坏。因此应做到以下两点：第一，居民应借助乡村旅游的发展来提升当地知名度，同时增加自己的

优越感，重新认识乡土文化的意义；第二，按现代媒介宣传，以居民为主进行乡土文化的普及，促进居民提供体验活动。居民是乡土文化创造者，也是保护者。居民应确立自身价值，明确乡土文化的重要性，要将保护义务和责任放在自己肩上，在乡村旅游发展中，要积极参与到乡土文化的保护之中。

二、乡村旅游与科技发展

（一）"互联网+乡村旅游"应用背景

1. 人们消费的改变

现代社会的发展让城市中人们的生活、工作与学习等活动空间受到限制，城市人更加向往活动的拓展性，崇尚乡村生活。城市中由于土地面积有限，人口密度大，同时受工业生产和道路交通的影响，环境质量差，而在乡村生活的人们能够随时呼吸到新鲜空气、体验乡村活动和品尝乡间美味等。物质生活的提高让人们开始追求精神生活享受，消费模式与习惯均发生了改变。此时，人们的业余生活更倾向于乡村旅游，也刺激了市场的发展。而互联网技术的应用，为乡村旅游提供了交易平台，"互联网+乡村旅游"模式发展前景较好。

2. 政府政策支持

在市场经济下国家支持并鼓励各行业的发展，城市的发展带动了周边经济的发展，旅游市场的不断火爆，也让国内乡村旅游经济的发展得到了重视。

（二）"互联网+乡村旅游"发展新途径

1. 确定技术路线

发展"互联网+乡村旅游"主要依托互联网技术，因而在实际发展中需要应用互联网思维，加大技术研发和投入力度。例如，在乡村地区进行旅游信息数据库建立，通过电子商务技术和移动互联网技术应用，打造统一的乡村旅游信息服务平台，平台服务项目包括旅游线路交通导航、旅游景点信息查询、天气预报推送、农家服务或产品订购、线上交易及服务点评等。在"互联网+乡村旅游"发展中，应用信息技术研发投入适度旅游活动的技术，搭建云计算信息平台，整合设施，在管理控制下，整合硬件资源。利用电子商务平台提供给旅游便捷、高效的服务，提升服务水平和质量。信息与数据资源支撑着乡村旅游的发展，对技术路线分析可以完善各电子服务平台的搭建，为乡村旅游经济发展硬件奠定基础。

2. 经营农家乐

乡村旅游发展是以乡村资源为基础，为游客提供观光、土特产等产品服务，但在此过程中由于不同地区乡村自然特色、资源类型和文化风俗等不同，在旅游产品的开发中应该注重品牌效应，设计、开发不同的旅游活动，提供丰富的产品服务，其中农家乐活动因其独特的互动内容深受游客喜欢。"互联网+乡村旅游"的农家乐，应做到创新规范运营，在互联网中要统一服务标准，否则会造成游客投诉增加。在乡村旅游经营中农家乐是必不可少的一项内容，要构建统一的服务平台，发布产品信息，做到形象的统一，并进行产品开发、宣传、推广和营销，提升农家乐经济效益产出比重，打造"互联网+乡村旅游"良好服务品牌。

3. 智慧服务平台

形成"互联网+乡村旅游"新业态，应在乡村旅游发展的实践中应用各种信息技术建设旅游智慧服务平台，将 WebGIS、Web Service 与 HTML5 等应用到云架构搭建中；另外，在 UDDL、Web Service 语言描述 WSDL、简访协议 SOAP、即时通信 IM 技术的开发中与大数据融合，搭建电子商务与移动互联网商务信息共享平台，在旅游信息共享、共建中满足商务需求，"互联网+乡村旅游"智慧服务平台中的多终端信息传输，是 O2O 旅游服务综合软硬件平台。它可以满足乡村旅游市场开拓需求，在相关信息的预订、引导、查询、推送与交易中满足人们的需求，突出了公共服务与监督价值。

4. 保障消费者权益

乡村旅游发展"互联网+乡村旅游"模式，需要开发整合与利用多种社会、经济、技术与市场资源等，包括在农家乐经营中也要先做市场调查，了解基本消费需求，在信息资源的整合中分析与预测品牌经营的方向，最后做好售后点评服务。售后点评的目的是及时了解旅游者的消费意见，以争取后续改进，另外也是为了完善服务，提高消费满意度，增加二次消费。在互联网技术支持下，网络在线点评更加便利、快捷，信息收集和整理更加高效，但是在运营农家乐的同时仍旧需要建立更加规范化、完整化和系统化的消费者权益保障体系。

5. 消费引导与生态保护

在乡村旅游发展中应用"互联网+乡村旅游"模式，可以在各网络平台进行产品的宣传，提升服务品牌的知名度，以吸引更多的旅游者参与旅游消费，乡村地区每年旅游者接连不断，收入增多也造成了生态环境的污染与破坏，须加大生态保护力度。

（三）创新科技在乡村旅游中的应用

1. 增加乡村旅游的营销手段，提升品牌

随着信息技术与互联网的不断发展与广泛应用，现代新科技也应用到了乡村旅游的发展与推广中，如建立目的地信息系统、旅游电子商务、网络查询功能等项目，都有着较强的实用性，其高效的交流、交易、沟通方式，增加了乡村旅游的营销手段，也提升了品牌。例如，改变传统观念，主动招徕旅游者不再等着他们自己上门，在新科技的帮助下，建立促销方式，利用图片、视频等方式在网络上展示旅游中的景观与风土人情，以及政府旅游性质的广告。例如，央视广告有很多都是以旅游地风景为主的宣传内容，如中山市的"伟人故里、锦绣中山"、佛山市的"和谐佛山、绿色家园"等，将未来过目的地的旅游者变成客源。另外，借助网络宣传，让旅游品牌知名度得到提升。

2. 创新乡村旅游形式，扩大规模

时代不断地发展，新技术在各行业中都有良好的体现，在乡村旅游发展中也起到显著的作用。第一，乡村旅游多在郊区，或偏远地区、欠发达地区，这里交通不便。而交通技术的发展，多种交通途径的开发，如铁路、高速、航运等方式让旅游者出行更方便，同时也增加了旅游人数。应运用创新技术发展乡村旅游，将现代影像、声控等运用于景区中，吸引旅游者关注。如利用视频音像观察植物生长，体验探索。网上的种菜游戏，也出现在现实中，让旅游者参与体验。另外还有模拟场景，如地震等，这些高科技的运用，既增加了景区亮点，又扩大了游客规模，拓展了消费模式。

3. 改变传统管理方式，提高质量

乡村旅游火爆发展，带给各地商机与经济效益，于是大家纷纷效仿，各式各样的乡村旅游服务不断兴起。例如，广东乡村旅游在信息科技发展初期就运用它包装旅游产品，创新管理等。利用现代科技满足旅游者的需求，建立乡村旅游园区，如光学、计算机控制系统等新技术均运用于农业园区植物生长等方面。利用网络监管，实施全程网上自助服务，改变传统管理方式，提高服务质量，提供给乡村旅游发展强大的支持力量。

4. 提升乡村旅游景区品位，增加服务产品

例如，广东省地理位置特殊，因此，旅游资源与游客来源相当丰富，乡村旅游发展较快。特别是新技术的运用，把乡村旅游与其他旅游同等位地提升，不断提高产品的质量。信息技术与网络的延伸，提供给游客娱乐、办公、旅游等多方面的优质服务。如旅行社信息系统、酒店订票与服务系统、景区网上订票系统等，将信息技术应用于交通、服务等方方面面，既提升了景区的品位，又增加了服务项目，让旅游者旅行更便利。

5. 树立景区形象，形成激励机制

乡村旅游由政府或个人开发，缺乏整体规划与管理意识，服务质量与宣传方面都有着较大的问题。网络技术用以征集管理方案，系统的管理方法让网络营销更安全，为景区树立了良好的形象，旅游企业形成激励机制，继而提高景区的档次。

6. 创新科技在乡村旅游中的措施与成效

（1）创新科技的应用，打造出个性化旅游产品

现在，各地区都在大力开展乡村旅游，因此让市场竞争愈加激烈，但广东乡村旅游却并未止步不前，广东不断更新经营理念，加快科技创新，让乡村旅游得到平衡的发展。而乡村旅游的形式太简单，很容易被复制，所以只有创新才能站稳市场。广东省湛江市就是重点乡村旅游开发地的一员，它利用网络与新科技打造了特色产品，这也是区别于内地重要的地方，如"蓝色滨海休闲游""红树林生态游""海岛休闲游"等。此外，还与媒体合作，搭建信息平台，针对客源特点推介旅游产品，走上了个性化乡村旅游的道路。

（2）科技信息的运用，扩展营销方式

在乡村旅游发展过程中，产品创新和营销最重要。广东乡村旅游营销，除政府投入的媒体外，还利用互联网开拓市场，提高知名度。例如，利用微信、微博等沟通平台和专业旅游网站发布信息，展开营销，利用网络形式扩展了传统营销方式。如中山岭南水乡，在景点布局上满是岭南民族的特色，更有丰富的文化内涵，成为白领游客的集中地。这些人通过互联网沟通和分享体验旅游，极大地影响着当地旅游业的发展。

（3）创新技术的运用，加强基础建设

广东优越的地理位置，决定了它丰富的游客资源，但因起点低，景区管理与配套设施未改进，达不到高标准，所以不利于乡村旅游可持续的发展模式。因此，要加强资源整合，引用新思路，运用新技术在基础建设方面下功夫。对乡村旅游产品加以创新，把混乱的开发、发展资源加以分类并规划整理、管理。以"新颖""乐趣""休闲"为主，将传统观光旅游变成度假、娱乐型乡村旅游，以提高可持续发展力度。

（4）创新技术的运用，提升服务水平

扩大乡村旅游会带动相关产业发展，也会让人口就业率增高。但乡村旅游从业人员一般都是景区居民，其文化与素质较薄弱。广东乡村旅游发展中，重视人才的培养，与高校合作签订合同，提高从业者的素质，再以新技术改变服务水平低下的问题，在全省乡村旅游景区开展自助服务。如建立自助信息平台，让旅游者实现自助游并享受其乐趣。这样既提高了服务水平，又节约了成本。

第三节　乡村旅游的制度创新、发展新业态

一、乡村旅游与制度创新

（一）我国乡村旅游的发展环境与总体方向

1. 乡村旅游的发展环境

乡村振兴战略是决胜全面建成小康社会的七大战略之一，应借助乡村旅游推动乡村经济全面发展，提升经济质量，解决乡村发展中的社会与生态保护问题，要三者协同发展。新形势赋予乡村旅游解决城乡不平衡问题、盘活资源、解决乡村治理问题等功能；还应发挥连接城乡、促进经济增长的新功能。

2. 政策总体方向

中央农村工作领导小组将乡村旅游作为当前农村新产业和发展的新动能，使其获得较大的发展机遇，但同时面临挑战，必须根据业界发展趋势，借鉴国际经验，在目前的政策体系基础上进一步完善和调整。

政策引导上，应强调多元目标，强化目标的协同；将田园综合体、特色小镇等纳入旅游政策中，让乡村旅游发展、乡村建设、城镇化相互支撑共同推进；在发展方式上，盘活闲置资源，创新旅游发展模式，明确绿色发展方式，发展循环共享经济，在适宜地集群化、规模化发展；在新型城乡关系与全域旅游下，建立新资源观，引导新产品。

支持政策上，支持要素应以智力与科技为主。智力支持集中于外部智库的指导与高端咨询，加大返乡创业支持力度，培训当地人才，吸引外部人才的流入。研发适宜的资源与环保技术，实施高效经营管理；创新融资方式、优惠政策和土地利用；增加政府责任，推动城乡互动，完善配套支持，推出新示范点。

保障政策上，应发挥协调作用，提升组织化程度，加强治理，吸纳多元主体参与；未来政策应明确利益分享、鼓励共赢；目前政策涉及的监管也是重点，加快制定完善标准，全面监管和规范。

（二）乡村旅游供给侧改革的支持条件

乡村旅游供给侧结构性改革属于系统性的改革工程，乡村旅游发展的条件不局限于土

地和资金、人力投入的多少，而需要以科学的制度与规范来引导生产要素的合理配置，以达到优化效益的目的。

1. 促进制度的科学化

制度是要素投入与产品流通的主要推动力，目前乡村旅游发展的困境都与制度设计不科学有着直接的关系。最突出的制度问题表现在三方面。第一，政府包办发展。较多地区的乡村旅游发展对政府投入的依赖性太强，对民间资本、智慧投入制度未发挥出引导作用，最终因政府所设计出的路径不合理或投入不到位，形成乡村旅游项目工程未完结。第二，支持制度不稳定。政府主导的乡村旅游发展都有领导特征，不断更换领导干部，导致支持重点也发生变化，有些项目前期投入还未收回就被推倒重来，既浪费要素，又不利于乡村旅游产业的树立。正因如此，政府主导作用的发挥应坚持合理界限，主要应限于在公共产品建设上。第三，客观存在各种制度"打架"情况。乡村旅游发展涉及较多的管理部门，并未经旅游主管部门统一管理，一些相关部门也按各自需求出台制度，但这些制度的衔接、协调问题未加以充分考量，以致管理中各部门各行其是，经营无所适从。仅就规划制度来说，国土利用规划、城镇建设规划、农业发展规划都很难与乡村旅游规划衔接，突出了多种规划不能合一的问题，是制约乡村旅游发展的严峻问题。因此，制度在设计时要充分考量乡村旅游发展的需要，处理好政府和市场的关系、政策与制度的衔续问题。

2. 发展环境优化

良好的发展环境是乡村旅游可持续发展的保证。乡村旅游发展依赖的环境应解决好三个问题：第一，市场竞争有序。应确保旅游竞争轨道的良性特征，通过政策与行为加以引导，避免出现乡村旅游资源同质化经营和开发，引入第三方论证，将特色作为开发的首要考量。同时将乡村旅游纳入行政管理范围内，加强监督与管理，对扰乱秩序的不合理竞争、强制性消费等第三方经营服务行为加以惩戒，以保证市场运行有序地发展。第二，辅助条件配套。乡村旅游经营突出的问题就是辅助硬件不配套，从而造成城乡消费流通不畅，制约乡村旅游资源发挥效用。此外，乡村旅游也面临辅助软件不匹配问题，缺少城乡旅游消费中介服务，而乡村旅游开发评估机构、经营服务机构、项目开发规划机构、服务人才供给等中介机构也极度短缺，造成乡村旅游经营从开发到供给再到服务过程出现非专业运作和感性发展的局面。第三，风险补偿机制。乡村旅游的发展与一般旅游业的发展不同，它有着更高的风险系数，以乡村和农业产业为依托的乡村旅游项目受资源禀赋的影响更大，抵御灾害的能力较弱，要保障其可持续的发展就要以风险补偿机制作为保障，增加产业抗风险能力。目前紧要的是出台专门的乡村旅游保险产品，对遭遇灾害破坏的资源做合理的风险补偿。

3. 要素投入合理化

要素投入合理化是供给侧改革的主要结构，建立起适应发展需求的要素供给系统。目前，我国乡村旅游发展的突出问题是要素供给短缺与失衡。因此，当前乡村旅游发展用地一般都依靠农村土地挖潜与流转完成，在用途管制制度限制下，农村尚未完全放开宅基地流转，建设用地投入不足。促进乡村旅游要素投入合理化，应解决提高投入要素产业率的问题和调整要素投入结构问题，以合理机制促进要素集中于优质的乡村旅游项目。

4. 产业联动常态化

乡村旅游是以农业、农村资源为依托的新业态，应夯实乡村旅游资源，打通城乡消费渠道，引导城市消费进入乡村，形成一、二、三产业的联动发展。任何割裂生产要素之间联系的经济发展方式都是非生态化的，因此，乡村旅游的发展应构筑全要素的产业联动系统，从技术、服务、要素、产品、体制到网络整体推动。体制上，促进产业联动的关键是解决多头管理问题，实现管理独立发展、主体明确。要素联动上，构建城乡要素流通渠道，建立流通市场，确保城市要素顺利流向乡村旅游业。产品流通上，重点建立乡村旅游产品传导机制，以物流网减少产品进入市场的中间环节，实现资源共享，加快经营服务专业建设步伐。技术联动上，转变粗放式经营，引进先进的经营理念、产品和技术等，克服自体经营与封闭发展的弊端。网络共建上，着力乡村旅游在大旅游平台的发展，畅通乡村旅游与三产资源共享渠道，建立匹配发展需求的管理、信息、物流、市场网络体系。

（三）乡村旅游供给制度

供给侧改革要求，改善乡村旅游发展中制度供给与行为，是激发产业活力与规范市场秩序的基本手段，也是要素发挥能效的基础条件。作为新生业态，乡村旅游面临的制度与行为问题较为突出，应从供给端实现制度的优化、解决承接端行为失范问题，才会促进乡村旅游健康发展。

（四）乡村旅游产业政策优化路径

1. 协调目标功能

乡村旅游应出台多元一体化的政策，才会促进乡村振兴。产业政策要鼓励乡村旅游完善与整合产业链、利用当地资源、盘活闲置资产、带动其他产业发展；具有突出、带动城乡发展，满足人们多样性生活的功能；更应发挥旅游生态保护的作用，促进绿色转型、改善乡村环境等。

引导政策中，明确发展目标，鼓励利益相关者追求目标。在资源上，鼓励闲置资源多样化利用，将宽广的空间、人与自然和谐生活方式、民俗风情等作为特色产品；文化与旅游结合，利用资源深度开发非遗产品、乡村传统景观等，引入流行元素和资源与文化结合，面向亲子市场、中小学研学、老年康养开发针对性的产品，以做到丰富谱系及时更新。

在发展方式上，引导借助乡村旅游，撬动城乡资本和人力资源，促进生态系统恢复、人居环境改善和农业绿色转型，将旅游纳入当地循环经济，全面改善乡村面貌；在具备条件的地区，将乡村旅游作为全域旅游的重要实施领域，推进旅游业和乡村地区发展的全面融合，借助田园综合体和特色小镇建设，推动多产业、集群式和城镇化结合的规模化、信息化发展，扩大乡村旅游效益；通过社区自身发展旅游可以促进多方面的可持续性，政策应该引导多元利益主体与社区合作，实现内生性发展。

2. 提升质量效益

首先仍要加大基础设施支持力度，未来政策必须统筹考虑改善乡村旅游目的地外部交通，广泛吸纳政府资金、私人资金和社区自有资金，再将乡村旅游和美丽乡村建设、乡村公共服务设施建设、人居环境改善结合起来，以自力更生、PPP 模式改善基础设施，结合智慧乡村建设，重视公共旅游服务体系建设，建设相应的硬件设施。创新乡村资金利用，汇集财政与农业资金支持，改善发展条件，放宽信贷方式，鼓励低息或免息小额贷款发放给农户，灵活运用奖补资金，将稳定现金流资产进行众筹，鼓励对接城市支持旅游业，多元化地筹集乡村旅游建设和运营资金。

智力支持上要加强有效方式，政府要解决顶层设计，如布局、规划、品牌化、组织化、可行性论证等问题；采取与院校联合、集中培训等多种形式，结合创新与经营，培育人才；在经营上，鼓励企业的对口帮扶，聘用专家指导；在特定地区，人才选拔上要偏重于乡村旅游专业；以多方合作加强研究与经验总结，把乡村旅游开发纳入农业推广中，并在全国范围内推广。

政府与旅游行业要大力度推广营销，支持乡村旅游各项活动，政府推介目的地应加入乡村旅游内容，支持电商的介入，在城市旅游集中地加入乡村旅游线路，并对经营者加以奖励。另外，除规划引导、示范创建外，还要相应配备奖励评比、科技研究、集成推广，把旅游资源富裕的乡村旅游纳入政绩考核中，并且鼓励资源投入，探索发展模式。

3. 推进持续发展

发展支撑措施上，政策应关注利益分享与加强政府服务功能，尽快提升组织化与治理水平，对各环节加以完善监管、控制负面影响。利用农业生产结合于乡村经营主体，鼓励合作社的参与，让其进行产品经营，形成多元主体参与形式，发挥个人的能力，提升经营水平，让公共管理更有序。政策要对外来资本加以管控，不要让他们对社区利益造成危害。

规范与监管内容要进一步完善，应该集中于三方面：第一，合理开发；第二，经营与服务行为规范；第三，负面影响的控制。三方相互联系和制约，应采用一系列手段来解决。合理开发以资源保护为主，涉及方面较多，应督促相关部门对法律法规进行细化，明确开发的标准与要求，出台保护细则，增加政策操作性，如许可、评价、认证制度等，加强督导。列出清单并采取措施，减少文化、社会、生态的负面影响。手段上，应多措并举，公示、计划、标准、奖励惩罚、法规、检查监督等共用，政府、社区、第三方参与，积极推动行业自律，以达成效。另外，对政策进行评估，推广绩效好、适用面广的政策，对带来负面效果、未达到预期效果的政策要及时改正。

二、乡村旅游发展中的新业态

（一）国家农业公园

国家农业公园，属于现阶段农业与乡村旅游的高端形态，是升级的乡村休闲与农业观光旅游。它可以是园区的结合，也可以是独立的大型园区，要有突出的农业资源，包括现代农业生产区、民风民俗体验区、传统农耕文化展示区。是集农业生产、旅游、消费于一体的组织形式，是为解决"三农"问题而打造的现代新型农业旅游区。

（二）休闲农场或休闲牧场

休闲农场依托生态田园环境，以当地特色农业资源为基础，提供给旅游者健康的产品与丰富的体验消费，其功能集合了生态农业、乡村旅游、养生度假、休闲体验、科普教育等特点，实现社会生态价值的现代农业创新和新型农业旅游产业综合体。

（三）乡村营地、运动公园、乡村公园

目前，乡村营地正在设计与国际接轨，迎接那些喜欢自由旅游的自驾游客群。野营地旅游在国际上也是非常流行的旅行方式。

（四）乡村庄园、酒店、会所

在国外，乡村庄园与乡村酒店兴起较早。英国典型的乡村庄园，最著名的就是田园式的城堡与村落。法国的香草庄园因芳香浪漫而世界闻名。

乡村庄园以养生度假为主，是高端的旅游业态，未来它将成为引领市场的重要产品。

乡村庄园是我国农村发展的方向。庄园人生，是都市居民的追求。如：

1. 张裕爱斐堡酒庄；

2. 蓝莓庄园蓝调庄园；

3. 香草庄园——上海青浦寻梦园；

4. 重庆金佛山中草药庄园——中草药养生园、养生会所、艺术庄园、温泉庄园、养老庄园、企业庄园；

5. 山里寒舍乡村度假酒店；

6. 贵州遵义大乌江镇红渡村"余庆坊"旅居农家；

7. 广东梅县"雁南飞"围龙大酒店、围龙食府；

8. 泰国清迈四季酒店——世界十大奢华酒店之一。

（五）乡村博物馆、艺术村

乡村博物馆：选定古民居、古村落、古街巷，进行保留、保护和维修利用，建成综合性、活态化的乡村博物馆。

乡村博物馆的责任就是保护与活化乡村历史文化，这些文化包括了饮食、茶酒、耕读、节庆、作坊、姓氏、中医等文化。

艺术村：旨在提供给艺术家进行创作的空间，让艺术家进入发挥灵感的环境。而这种模式在国外已很普遍，因此需要在国内大力发展。

1. 罗马尼亚海勒斯特勒乌公园乡村博物馆

一座介绍罗马尼亚农村建筑艺术、民间艺术和农民生活风俗的露天博物馆，是一个占地 10 公顷的大花园，展厅就是散布在其中 40 个院落中的 66 座乡村建筑。这些建筑都源于 20 世纪罗马尼亚农村搬迁。乡村博物馆既可以参观游览，又可以提供民间歌舞与手工艺表演的场所。在这里，每年都举办民间歌舞与手工艺品制作比赛。

2. 贵州梭戛苗族生态博物馆

亚洲第一座民族文化生态博物馆，由中国和挪威合作建设，面积 120 平方千米，12 个自然村寨，总人口 5000 余人。

此外，还有山西许村国际艺术公社、浙江松阳沿坑岭头画家村、纽约格林尼治村、法国圣保罗艺术村等。

（六）市民农园

市民农园也是社区支持农园，农民提供耕地并帮助管理，城市居民投资参与耕作并收获产品，在这一过程中可以体验农业劳动的乐趣，是生产经营的乡村旅游形式。

周末农夫，这是针对城市白领而开发的项目，他们来到农村租用耕地，自己种菜，但平时需要农夫来照顾菜地，居民挑选时间去田里劳作并收获成果。

（七）高科技农园、教育农园

高科技农园，是以农业产业为基础，发展现代农业，让科技引领，让智能带动，发展高科技的农业。英国伊甸园是高科技农园的代表。

教育农园，是利用农村农业资源做教室，让人们亲近自然，参与农耕，体验生活，让他们接触农业生产和生活，通过供求互动，带动产业和教育发展的农业经营形态。范例如下：

1. 上海崇明三岛现代农业园；
2. 深圳太空作物园。

（八）乡村民宿

利用自用的住宅空闲房间，结合当地自然生态和人文环境，提供给游客以住宿之处。与传统饭店相比，它设施简单，但体验的是当地风情与热情。

民宿的类型包括农园民宿、传统建筑民宿、景观民宿、海景民宿、艺术文化民宿、运动民宿、乡村别墅、木屋别墅。

（九）洋家乐

从字面就可以看出，洋家乐是针对外国人创办的农家乐。它崇尚自然的回归，以环保为理念。高端的洋家乐很受国外友人的喜欢，如莫干山裸心谷。

（十）文化创意农园

文化创意农园，以农业为基础增加创意，是融合文化教育、科技与创意产业的时尚农业园区。

1. 英国伊甸园：农业高科技；
2. 北京蓝调庄园：花卉+婚庆产业；
3. 广西北海田野生态农业园：苗木+休闲娱乐；
4. 泰国清迈：林业+林中游乐——树屋、木屋、林中吊桥、绳索、帐篷露营地；
5. 北京通州南瓜园：创意瓜果园；
6. 浙江丽水农家乐综合体。

参考文献

［1］赵皇根，宋炼钢，陈韬．振兴乡村旅游理论与实践［M］．徐州：中国矿业大学出版社，2018.

［2］姜冬梅．乡村振兴背景下乡村发展路径探索［M］．长春：吉林人民出版社，2022.

［3］祁颖．乡村振兴战略背景下的乡村旅游发展研究［M］．延吉：延边大学出版社，2022.

［4］程金龙，王淑曼．乡村旅游助力乡村振兴理论构建与区域实践［M］．北京：社会科学文献出版社，2022.

［5］梁策．乡村振兴实践［M］．北京：经济日报出版社，2022.

［6］刘佳雪．文旅融合背景下的乡村旅游规划与乡村振兴发展［M］．长春：吉林大学出版社，2021.

［7］谢花林，金雪，周来友．乡村振兴战略理论与实践［M］．北京：经济科学出版社，2022.

［8］赵政．乡村振兴战略研究［M］．西安：西北工业大学出版社，2021.

［9］蒲实，袁威．乡村振兴战略导读［M］．北京：国家行政学院出版社，2021.

［10］周作武．实施乡村振兴战略的理论与实践研究［M］．湘潭：湘潭大学出版社，2021.

［11］陈锡文，韩俊．乡村振兴战略与路径研究［M］．北京：中国发展出版社，2021.

［12］岑大明．乡村振兴战略与路径［M］．昆明：云南人民出版社，2020.

［13］杜茂华，陈莉．乡村振兴战略理论与实践［M］．北京：经济管理出版社，2020.

［14］张茹．乡村振兴战略研究［M］．延吉：延边大学出版社，2019.

［15］曾芳芳．乡村振兴战略与实践［M］．北京：中国农业出版社，2019.

［16］陈钦华．乡村梦与乡村振兴战略［M］．北京：中国农业出版社，2019.

［17］郑兴明．乡村振兴战略的理论与实践研究［M］．北京：中国农业出版社，2019.

［18］代彦辉，雷发明，李敏．乡村振兴战略理论与实践读本［M］．北京：中国农业科学技术出版社，2019.

［19］马潇，韩英．旅游景区开发与区域经济发展［M］．太原：山西经济出版社，2022.

［20］董良泉，童涛．旅游开发与区域经济发展研究［M］．北京：中国商业出版社，2022.

［21］邓飞虎，张杨，田巧莉．旅游经济发展战略及模式研究［M］．武汉：湖北科学技术出版社，2021.

［22］张红娜，赵建春．旅游经济与文化发展研究［M］．延吉：延边大学出版社，2020.

［23］谢新．旅游经济及其绿色发展路径研究［M］．北京：九州出版社，2020.

［24］马海龙．旅游经济学［M］．银川：宁夏人民教育出版社，2020.

［25］董观志，梁增贤．旅游管理原理与方法［M］．武汉：华中科技大学出版社，2020.

［26］赵琴．探究乡村振兴与旅游发展的协同推进［J］．农家参谋，2022（13）：87-89.

［27］蓝燕．促进乡村振兴：旅游产业发展动力新转向［J］．旅游纵览，2021（12）：143-146.

［28］熊勇钧．关于乡村振兴的旅游探索［J］．东方教育，2018（7）.

［29］杨真．乡村振兴战略背景下旅游文化振兴乡村的路径［J］．农家参谋，2022（23）：10-12.

［30］彭嘉俊．乡村振兴背景下乡村旅游管理优化策略探究［J］．旅游纵览，2023（8）：1-3.

［31］胡晓明．旅游助力乡村振兴的实施路径探索［J］．经营者，2022（6）：4-6.

［32］王颖，刘星瑞．乡村振兴背景下乡村旅游业发展策略研究［J］．旅游纵览，2022（16）：154-157.